# VISIŠKA BRAZILIJOS ŽUVIES IR JŪROS GĖRYBIŲ KNYGA

## 100 SKANIŲ RECEPTŲ, KURIAIS GALITE MĖGAUTIS

ADOLFAS MICKUS

**Visos teisės saugomos.**
**Atsisakymas**

Pateikta informacija yra skirta kaip išsamus strategijų rinkinys, apie kurį šios el. knygos autorius atliko tyrimą. Santraukos, strategijos, patarimai ir gudrybės yra tik autoriaus rekomendacijos ir šios el. knygos skaitymas negarantuoja, kad rezultatai tiksliai atspindės autoriaus rezultatus. El. knygos autorius dėjo visas pagrįstas pastangas, kad pateiktų naujausią ir tikslią informaciją el. knygos skaitytojams. Autorius ir jo partneriai neprisiima atsakomybės už bet kokias netyčines klaidas ar praleidimus. El. knygos medžiagoje gali būti trečiųjų šalių informacijos. Trečiųjų šalių medžiagą sudaro jų savininkų nuomonė. Todėl el. knygos autorius neprisiima atsakomybės už bet kokią trečiųjų šalių medžiagą ar nuomones.

El. knygos autorių teisės priklauso © 2022, visos teisės saugomos. Draudžiama perskirstyti, kopijuoti arba kurti išvestinį darbą iš šios el. knygos visos ar jos dalies. Jokia šios ataskaitos dalis negali būti atgaminta ar perduota bet kokia forma be raštiško ir pasirašyto autoriaus leidimo.

**ĮVADAS** ............................................................................. 7

**JŪRŲ EŠERIS** .................................................................. 9

    1. KEPTAS JŪROS EŠERYS, BRAZILIŠKAS STILIUS ............................ 9
    2. ANT GROTELIŲ KEPTAS JŪROS EŠERIS SU PADAŽU ..................... 11
    3. JŪROS EŠERIAI SU AVINŽIRNIAIS IR MĖTOMIS .............................. 14
    4. GRUPĖ SU TANDOORI PADAŽU .................................................... 16
    5. ANT GROTELIŲ KEPTI EŠERIAI CORNHUSKS ................................. 18
    6. DRYŽUOTAS BOSAS SU KAČIŲ ŪGLIAIS ....................................... 20
    7. DRYŽUOTAS BASAS SU KREVEČIŲ PADAŽU ................................. 22

**MENKĖ** ............................................................................ 24

    8. BRAZILIJOS MENKĖS PYRAGAIČIAI ............................................. 24
    9. BRAZILIŠKA DRUSKOS MENKĖ .................................................... 26
    10. JUODA MENKĖ SU ORANŽINIU ŠERBETU ................................... 28
    11. MENKĖ SU PUTTANESCA PADAŽU ............................................. 30
    12. HUGO PUSRYČIŲ ŽUVIENĖS ...................................................... 32
    13. BRAZILIŠKAS ŽVEJŲ TROŠKINYS ................................................ 34

**SARDINOS IR SKUMBRĖS** ............................................ 36

    14. ANT GROTELIŲ KEPTŲ SARDINIŲ TROŠKINYS ........................... 36
    15. ĮDARYTOS SARDINĖS ................................................................. 39
    16. DEVILTOJI SKUMBRĖ ................................................................. 41

**MIDIJAI IR MOLIUSAI** .................................................. 43

    17. MIDIJOS A LA BRAZILIJA ............................................................ 43
    18. BRAZILIŠKAS JŪROS GĖRYBIŲ TROŠKINYS ................................. 45
    19. BRAZILIJOS MOLIUSKŲ KEPINYS ................................................ 47
    20. BRAZILIJOS MOLIUSKŲ TROŠKINYS ........................................... 49
    21. BRAZILIŠKI GARUOSE KEPTI MOLIUSKAI ................................... 51
    22. KREMINĖ MIDIJŲ SRIUBA SU ŠAFRANU .................................... 53
    23. RAZOR CLAMS A LA PLANCHA ................................................... 55
    24. ATŠALDYTI VĖŽIAGYVIAI SU KREMINIAIS AIOLI ........................ 57
    25. ATLANTO GARUOSE GARUOSE MINKŠTI KRIAUKLĖS ................ 59

**KREVETĖS IR KREVETĖS** .............................................. 61

26. Braziliško stiliaus aštrios krevetės.................................................61
27. Jūros gėrybės Tempura.............................................................63
28. Krevečių kukuliai ir makaronų sriuba..........................................65
29. Braziliškas jūros gėrybių troškinys............................................67

**LAŠIŠA**..............................................................................................**69**

30. Lašiša vina olki.........................................................................69
31. Lašišos ir baravykų kebabai......................................................71
32. Ant grotelių kepta laukinė karališkoji lašiša...............................73
33. Klevų sirupo lašišos kepsniai....................................................75
34. Lašiša ir kukurūzų sriuba..........................................................77
35. Krapuose vytinta lašiša.............................................................79
36. Šviežios Atlanto lašišos troškinys.............................................81
37. Ant grotelių kepta lašiša su pancetta........................................83
38. Aštrus kokosų sultinys su lašiša...............................................85
39. Kolumbijos upė Chinook...........................................................87

**CEVICHE**...........................................................................................**89**

40. Avokadas ir šukutės ceviche....................................................89
41. Įlankos šukutės ceviche...........................................................91
42. Ceviche solero.........................................................................93
43. Mango-tuno ceviche.................................................................96
44. Šukutės ceviche.......................................................................98
45. Tuno Carpaccio vasaros ceviche............................................100
46. Wasabi ceviche snapper salotos............................................102
47. Jukatano stiliaus ceviche........................................................104
48. Velnio Ceviche su avokadu.....................................................106

**KALMARIAI IR AŠTUONKOJAI**........................................................**108**

49. Kepti kalmarai.........................................................................108
50. Aštuonkojų salotos su prieskoniais su petražolėmis................110

**TUNAS**.............................................................................................**112**

51. Rūkytas tunas su Ponzu padažu.............................................112
52. Tuno kebabai..........................................................................114
53. Tuno kepsniai ir kraujo apelsinai............................................116

54. Ant grotelių kepti tuno mėsainiai ................................................. 118
55. Tuno karpačio su mėtomis ................................................. 120
56. Marinuotas tunas su pasifloros vaisiais ................................................. 122

## AUSTRĖS ................................................. 124

57. Austrės su Mignonette padažu ................................................. 124
58. Austrių sriuba su imbieru ................................................. 126
59. Austrių troškinys ................................................. 128
60. Austrės su šampanu Sabayon ................................................. 130

## OMARAI, ŠUKŠTYNĖS IR KRABAI ................................................. 132

61. Omarų-pomidorų biskas ................................................. 132
62. Krabų ir kukurūzų sriuba ................................................. 134
63. Krabas su raketa ................................................. 136
64. Krabų vorų sriuba su pankoliu ................................................. 138
65. Kariuotas krabas su salotomis ................................................. 140
66. Deli krabų sumuštinis ................................................. 142
67. Keptos šukutės, braziliško stiliaus ................................................. 144

## ŽUVYS ................................................. 146

68. Braziliška dešra įdaryta uhu ................................................. 146
69. Kepta braziliško liežuvio filė ................................................. 148
70. Žuvies atsargos ................................................. 150
71. Klasikinė žuvies sriuba su Rouille ................................................. 152
72. Kardžuvė su biazilišku padažu ................................................. 154
73. Į Collard Greens įvyniotas šamas ................................................. 156
74. Saulėžuvė Dižonas ................................................. 158
75. Ant grotelių keptas drugelis upėtakis ................................................. 160
76. Plieninis upėtakis raudonojo vyno padaže ................................................. 162
77. Rūkytas upėtakis su garstyčių padažu ................................................. 165
78. Ant grotelių keptas ešeris su kraujo apelsinu ................................................. 167
79. Ant grotelių keptas Walleye su vynuogėmis ................................................. 169
80. Walleye Hash Browns ................................................. 171
81. Jūros velniai žemės riešutų marinate ................................................. 173
82. Jūrų velnių ir persimonų kišenės ................................................. 175
83. Hoisin-Grill Coho ................................................. 177

84. Ant grotelių keptas otas kokosų piene..........179
85. Citrinų sorbetas – glazūruotas Mahi-Mahi..........181
86. Tilapijos ir kavos įdaras..........183
87. Ant grotelių keptas pompano sūris..........185
88. Mėlyna žuvis su pomidorais ir baziliku..........187
89. Ant grotelių keptas šašlykas su Morels..........189
90. Rūkytas Shad Roe..........191
91. Rūkyta Shad su Gazpacho..........193
92. Arbatos lapelis – rūkytas raudonasis snaperis..........195
93. Geltonauodegė Rūkyta virš pankolių..........197
94. Rūkytas Croaker..........199
95. Čiuožkite su šafranu ir sultonais..........201
96. Johnas Dory Chowderis..........203
97. Citrinų liežuvių gujonai..........205
98. Benedikto kiaušiniai su juodadėmiu menku..........207
99. Japoniški žuvienės pyragaičiai su imbieru..........209
100. Skrudinta otų filė plutoje..........211

**IŠVADA..........213**

## ĮVADAS

Brazilijos virtuvė buvo sukurta iš portugalų, afrikiečių, indėnų, ispanų, prancūzų, italų, japonų ir vokiečių įtakos. Jis labai skiriasi priklausomai nuo regiono, atspindėdamas šalies vietinių ir imigrantų gyventojų derinį, taip pat jos dydį žemyne. Taip sukurta nacionalinė virtuvė, pasižyminti regioninių skirtumų išsaugojimu. Brazilija yra didžiausia šalis tiek Pietų Amerikoje, tiek Lotynų Amerikos regione. Tai penkta pagal geografinę vietovę ir gyventojų skaičių šalis pasaulyje, kurioje gyvena daugiau nei 202 000 000 žmonių.

Būdamas stipriai susijęs su Portugalija, kuri visada turėjo stiprų ryšį su jūra; Nenuostabu, kad Brazilija savo tradicinėje virtuvėje taip plačiai pritaikė jūros gėrybes ir žuvį. Vienas iš patiekalų, išsiskiriančių šioje kategorijoje Brazilijoje, yra Moqueca, bendras žuvies troškinio terminas, kuris šiandien išsivystė į daugybę skirtingų patiekalų... Daugelis Brazilijos regionų sukūrė savo Moqueca versiją, paremtą kiekvienoje šio regiono pakrantėje natūraliai paplitusių žuvų rūšių.

Brazilija gali būti geriausiai žinoma dėl savo jautienos, kepsnių ant grotelių ir lėtai gaminamų troškinių, tačiau šalis vis dėlto turi daugiau nei 5000 mylių pakrantės ir plačią Amazonės upės sistemą, kuri suteikia prieigą prie produktyvių jūrinių ir gėlavandenių žvejybos vietų. Todėl nacionalinėje racione gausu žuvų, tokių kaip raudonasis snaperis, menkė ir snukis. Tačiau, kaip ir visos Brazilijos virtuvės, didžiulėje šalies teritorijoje skirtumai yra dideli.

# JŪRŲ EŠERIS

## 1. Keptas jūros ešerys, braziliškas stilius

Išeiga: 1 porcija

Ingredientas

- 3 svarai jūros ešerių filė, 1 colio storio
- 1 arbatinis šaukštelis druskos
- 2 šaukštai Miltų
- 2 vidutinio dydžio supjaustyti svogūnai
- ¼ puodelio alyvuogių aliejaus
- ⅓ puodelis baltojo vyno acto
- 3 skiltelės česnako, sutrintos arba
- Sumaltas

- 1 arbatinis šaukštelis Paruoštos geltonosios garstyčios
- 2 šaukštai džiovintų petražolių
- 1 valgomasis šaukštas šviežių citrinų sulčių
- ¼ puodelio sauso baltojo vyno
- ¼ arbatinio šaukštelio Maltos kalendros

a) Pabarstykite žuvį druska; lengvai pabarstykite miltais. Išdėliokite žuvį seklioje 8*12" kepimo formoje. Svogūnus pakepinkite alyvuogių aliejuje keptuvėje, kol suminkštės; uždėkite ant žuvies. Sumaišykite vyno actą, česnaką, raudonėlį ir garstyčias, petražoles, kalendras ir citrinos sultis; gerai išmaišykite ir užpilkite ant žuvies. .

b) Supilkite vyną aplink žuvį; kepkite, neuždengę, 350 orkaitėje apie 45 minutes. Galima naudoti pollocką arba otą.

## 2. Ant grotelių keptas jūros ešeris su padažu

Išeiga: 4 porcijos

Ingredientas

- 4 maži sveiki jūros ešeriai
- 4 šaukštai alyvuogių aliejaus; padalintas
- esmė
- ½ puodelio pjaustytų svogūnų
- 1 puodelis nuluptas; išsėti, susmulkinti romų pomidorai
- ⅓ puodelis juodųjų alyvuogių be kauliukų
- 1 puodelis šviežių fava pupelių; blanširuoti, nulupti
- 1 valgomasis šaukštas malto česnako

- 2 arbatiniai šaukšteliai maltos ančiuvių filė
- 1 valgomasis šaukštas smulkiai pjaustytų šviežių petražolių
- 1 valgomasis šaukštas susmulkinto šviežio baziliko
- 1 valgomasis šaukštas smulkintų šviežių čiobrelių
- 1 valgomasis šaukštas susmulkinto šviežio raudonėlio
- ½ puodelio baltojo vyno
- 1 lazdelė sviesto; supjaustyti šaukštais
- 1 druskos; paragauti
- 1 šviežiai maltų juodųjų pipirų; paragauti
- 2 šaukštai smulkiai pjaustytų petražolių

a) Įkaitinkite grilį. Aštriu peiliu kiekvieną žuvį paskirkite tris kampu. Kiekvieną žuvį įtrinkite 2 šaukštais alyvuogių aliejaus ir pagardinkite Emeril's Essence. Dėkite žuvį ant karštų grotelių ir kepkite ant grotelių po 4–5 minutes iš kiekvienos pusės, priklausomai nuo kiekvienos žuvies svorio. Keptuvėje įkaitinkite likusį alyvuogių aliejų. Kai aliejus įkaista, pakepinkite svogūnus 1 minutę. Sudėkite pomidorus, juodąsias alyvuoges ir fava pupeles. Pagardinkite druska ir pipirais. Troškinkite 2 minutes.

b) Įmaišykite česnaką, ančiuvius, šviežias žoleles ir baltąjį vyną. Užvirinkite skystį ir sumažinkite iki silpnos ugnies. Troškinkite 2 minutes.

c) Supilkite sviestą, po šaukštą.

## 3. Jūros ešeriai su avinžirniais ir mėtomis

- 2 gabalai 12 colių kvadratinės sunkios aliuminio folijos
- 1 valgomasis šaukštas alyvuogių aliejaus
- 2 svarai jūros ešerių filė
- 1 puodelis mėtų lapelių, nuplauti ir nulupti
- 1 vidutinio dydžio pomidoras, storai supjaustytas
- 1 mažas saldus baltas svogūnas, plonais griežinėliais
- ½ puodelio virtų avinžirnių
- 1 arbatinis šaukštelis maltų kmynų
- ½ arbatinio šaukštelio maltos kalendros
- ¼ arbatinio šaukštelio kajeno pipirų

- ¼ arbatinio šaukštelio malto cinamono
- Druska ir šviežiai malti juodieji pipirai

a) Įkaitinkite grilį.

b) Išklokite vieną folijos gabalėlį, sutepkite aliejumi ir ant viršaus uždėkite ešerių filė. Ant filė išklokite mėtų lapelius, pomidorą, svogūną, avinžirnius, kmynus, kalendras, kajeną, cinamoną, pagal skonį pasūdykite ir sudėkite pipirus.

c) Apvyniokite foliją aplink sluoksnius ir suspauskite viršuje. Apvyniokite antrą folijos gabalėlį aplink pirmąjį, bet apačioje suspauskite. Tai sudaro saugų paketą, kuriame gali garuoti bosai ir kiti ingredientai.

d) Padėkite pakuotę ant grotelių ir kepkite 6–8 minutes. Apverskite ir kepkite 4–5 minutes ilgiau arba tol, kol žuvis taps tvirta.

e) Nuimkite pakuotę nuo ugnies, atidarykite foliją ir patiekite.

## 4. Grupė su Tandoori padažu

- 1 puodelis natūralaus jogurto
- ¼ puodelio stambiai supjaustyto šviežio imbiero
- 4–5 laiškiniai svogūnai, nulupti ir stambiai supjaustyti (įskaitant visus žalumynus, išskyrus ½ colio)
- 6-8 česnako skiltelės, nuluptos
- 2 šaukštai tandoori miltelių
- ½ citrinos sultys (apie 1½ šaukšto)
- ½ arbatinio šaukštelio jūros druskos
- 4 gabalai 12 colių x 18 colių tvirtos aliuminio folijos
- 2 svarai grupinės filė, supjaustytos į keturias lygias dalis

a) Įkaitinkite grilį.

b) Virtuvinio kombaino dubenyje 1 minutę plakite jogurtą, imbierą, svogūnus, česnaką, tandoori miltelius, citrinos sultis ir druską. Nubraukite šonus ir trinkite 30 sekundžių arba kol susimaišys. Atidėti.

c) Gumine mentele išimkite padažą iš procesoriaus dubens ir gausiai įtrinkite abi kiekvienos filė puses. Išdėliokite filė ant folijos, ant viršaus uždėkite likusį padažą, užlenkite aliuminį ir sandariai suspauskite, kad susidarytų tvirtas sandarumas.

d) Padėkite maišelius ant grotelių ir kepkite 5 minutes; apverskite ir kepkite 5 minutes ilgiau arba tol, kol filė bus tvirta liesti.

e) Nuimkite maišelius nuo ugnies ir leiskite svečiams atsidaryti ir atrasti garuojančią vakarienę.

## 5. Ant grotelių kepti ešeriai Cornhusks

- 2 varpos šviežių kukurūzų
- 2 svarai ešerių filė, supjaustyta į keturias dalis
- 4 šaukštai nesūdyto sviesto, supjaustyto gabalėliais
- 1 citrinos sultys (apie 3 šaukštai)
- Druska ir šviežiai malti juodieji pipirai
- Citrinos skiltelės

a) Įkaitinkite grilį.

b) Atsargiai nulupkite kukurūzų lukštus ir atidėkite į šalį. Nuimkite visą šilką nuo kiekvienos burbuolės.

c) Laikydami burbuoles vertikaliai, aštriu peiliu pjaustykite žemyn, eilėmis nupjaukite kukurūzus. Išmeskite burbuoles ir nupjautus kukurūzus atidėkite į šalį.

d) Išskleiskite ir prispauskite dvi ar tris lukštus vienai filė. Ant lapų pabarstykite kukurūzų sluoksnį ir stačiu kampu į lukštus padėkite filė, po vieną ant kiekvieno „pakelio".

e) Uždenkite filė likusiais kukurūzais. Pabarstykite kukurūzus sviesto gabalėliais.

f) Kiekvieną filė apšlakstykite citrinos sultimis ir pagardinkite druska bei pipirais.

g) Sulenkite lukštus ant pakelių viršaus iš visų pusių (kad susidarytų voko forma) ir sutvirtinkite dantų krapštukais.

h) Paguldykite ant grotelių apie 6 minutes; atsargiai pasukite mentele ir virkite 6 minutes ilgiau arba kol lukštai šiek tiek sudegs.

i) Nedelsdami patiekite su citrinos griežinėliais.

6. Dryžuotas bosas su kačių ūgliais

- 8–10 katžolės ūglių, pašalintos žalios viršūnės
- 6–8 morengai, nuvalyti ir apipjaustyti
- ½ puodelio alyvuogių aliejaus plius 1 valgomasis šaukštas
- ½ puodelio šviežių čiobrelių, nuluptų ir nuvalytų
- ½ arbatinio šaukštelio druskos
- 1 arbatinis šaukštelis šviežiai maltų juodųjų pipirų
- 1½ svaro dryžuota ešerių filė
- Druska ir šviežiai malti juodieji pipirai
- 2 šaukštai sviesto
- 1 mažos citrinos sultys

a) Įkaitinkite grilį.

b) Nuimkite kietą išorinį uogų sluoksnį ir supjaustykite įstrižai, kaip laiškus. Atidėti.

c) Mažame dubenyje sumaišykite ½ puodelio aliejaus ir čiobrelių bei druskos ir pipirų.

d) Šepetėliu ar šaukštu aptepkite ešerių filė ir perkelkite ant grotelių.

e) Tuo tarpu keptuvėje ant vidutinės ugnies įkaitinkite sviestą ir likusį 1 šaukštą aliejaus. Morkus patroškinkite 3–4 minutes, kol grybai suminkštės. Sudėkite griežinėliais supjaustytus katžolės ūglius, sumažinkite ugnį ir virkite 2–3 minutes ilgiau. Sumažinkite šilumą ir laikykite šiltai.

f) Kepkite bosą ant grotelių 4–5 minutes iš kiekvienos pusės

g) Padalinkite į keturias Patiekimas ir dėkite į šiltas lėkštes. Šalia boso šaukštu dėkite morengus ir kačiukus. Apšlakstykite ešerį citrinos sultimis ir pagardinkite papildomai druska ir pipirais. Patiekite iš kartc.

## 7. Dryžuotas basas su krevečių padažu

- 1 didelis saldus baltas svogūnas, smulkiai pjaustytas
- 3-4 česnako skiltelės, nuluptos
- 2 arbatinius šaukštelius smulkiai pjaustyto šviežio imbiero
- 1 arbatinis šaukštelis čili miltelių
- $2\frac{1}{2}$ šaukšto rapsų aliejaus
- $1\frac{1}{2}$ svaro dryžuotų ešerių filė
- 1 vidutinio dydžio pomidoras, supjaustytas kubeliais
- 1 valgomasis šaukštas krevečių pastos
- $\frac{1}{2}$ citrinos sultys (apie $1\frac{1}{2}$ šaukšto)
- Virti balti ryžiai

a) Svogūną, česnaką, imbierą ir čili miltelius penkis ar šešis kartus susmulkinkite virtuvės kombaino dubenyje. Nubraukite šonus ir trinkite 1–2 minutes arba iki vientisos masės.

b) Įkaitinkite aliejų vidutinėje keptuvėje ant vidutinės-stiprios ugnies. Sudėkite ištrintus ingredientus, išmaišykite, sumažinkite ugnį iki mažos ir virkite apie 15 minučių uždengę dangtį, retkarčiais pamaišydami, kol sutirštės.

c) Tuo tarpu įkaitinkite grilį.

d) Išdėliokite filė ant aliejumi pateptų grotelių ir kepkite 3-4 minutes. Apverskite ir kepkite 4-5 minutes ilgiau arba kol sutvirtės. Perkelkite į grotelių šildymo lentyną.

e) Sudėkite pomidorus į keptuvę, virkite 3-4 minutes, pasukite krevečių pastoje ir maišykite 1 minutę.

f) Perkelkite filė į keptuvę, ant viršaus užpilkite padažo. Ant viršaus apšlakstykite citrinos sultis, uždenkite 1-2 minutes ir nukelkite nuo ugnies.

g) Žuvį padalinkite į keturias dalis, kiekvieną užpilkite padažu ir patiekite iš karto su baltais ryžiais.

h) APTARNAVIMAS 4

# MENKĖ

## 8. Brazilijos menkės pyragaičiai

Išeiga: 1 porcija

Ingredientas

- 10 uncijų druskos menkės; storai supjaustytas
- 8 uncijos miltų bulvių
- Sviestas
- Pienas
- 3 šaukštai (sukauptų) petražolių
- 1 valgomasis šaukštas (su kaupu) mėtų; smulkiai supjaustyta
- Šviežiai malti juodieji pipirai

- 3 Kiaušiniai; atskirtas
- 1 valgomasis šaukštas Port
- Aliejus giliam kepimui

a) Menkę nusausinkite ir gerai nuplaukite po šaltu tekančiu vandeniu.

b) Puode užpilkite šviežiu vandeniu, užvirkite ir troškinkite 20 minučių arba kol menkė suminkštės. Kol menkė troškina, išvirkite bulves su lupenomis, tada nulupkite ir sutrinkite su sviestu ir pienu. Kai menkė bus paruošta, ją gerai nusausinkite ir pašalinkite odą bei kaulus.

c) Menkę susmulkinkite pora šakučių. Įpilkite grietinėlės bulvių, petražolių, mėtų, pipirų ir kiaušinių trynių bei portveino. Kruopščiai išmaišykite. Kiaušinių baltymus išplakti iki standžių putų, tada įmaišyti į menkių masę. Paimkite maždaug mažo kiaušinio dydžio mišinio gabalėlį ir suformuokite jį rankoje, kad susidarytumėte torpedos formą.

d) Kepkite 375 laipsnių aliejuje iki traškumo ir rudos spalvos. Nusausinkite ant popierinio rankšluosčio ir patiekite karštą.

## 9. Braziliška druskos menkė

Išeiga: 4 porcijos

Ingredientas

- 1½ svaro 2 lb mirkytos džiovintos menkės
- 2 dideli svogūnai, supjaustyti
- 6 šaukštai sviesto
- 1 skiltelė Česnakas, susmulkintas
- 3 didelės bulvės
- 2 šaukštai duonos trupinių
- 10 žalių alyvuogių be kauliukų
- 10 juodųjų alyvuogių
- 4 kietai virti kiaušiniai
- ½ puodelio kapotų šviežių petražolių
- Vyno actas
- Alyvuogių aliejus

- Šviežiai malti juodieji pipirai

a) Sudėkite menkę į puodą ir įpilkite tiek šalto vandens, kad apsemtų. Užvirinkite.

b) Mėsą šakute supjaustykite dideliais gabalėliais. Svogūnus pakepinkite 3 šaukštuose sviesto, kol jie suminkštės ir taps auksinės spalvos. Sudėkite česnaką. Neluptas bulves išvirkite pasūdytame vandenyje. Kai jie suminkštės (apie 20 minučių), nukelkite nuo ugnies, padėkite po šaltu tekančiu vandeniu ir nuimkite odeles. Nusausinkite ir supjaustykite $\frac{1}{4}$ colio gabalėliais.

c) Įkaitinkite orkaitę iki 350 laipsnių F. Sutepkite $1\frac{1}{2}$ litro troškintuvą likusiais 3 šaukštais sviesto. Išdėliokite pusę bulvių, tada pusę menkės, tada pusę svogūnų. Pabarstykite trupučiu pipirų ir kartokite sluoksniavimą. Viršutinį sluoksnį pabarstykite duonos trupiniais.

d) Kepkite 15 minučių arba kol įkais ir lengvai paruduos.

## 10. Juoda menkė su oranžiniu šerbetu

- 1½ puodelio apelsinų šerbeto
- ½ puodelio smulkiai pjaustytų šviežių mėtų
- 1 didelio apelsino sultys (apie ½ puodelio) ir žievelės (apie 2 šaukštai)
- 1½ svaro juodosios menkės filė

a) Įkaitinkite grilį.

b) Ištirpinkite šerbetą 4 litrų puode ant vidutinės-stiprios ugnies.

c) Įpilkite mėtų, apelsinų sulčių ir pusę žievelės. Sumažinkite ugnį iki vidutinės ir virkite neuždengę 7-8 minutes arba tol, kol sumažės trečdaliu. Atidėkite atvėsti.

d) Sudėkite filė į negilų indą ir šaukštu užpilkite padažo; pasukite ir kruopščiai uždenkite. Šaldykite 30 minučių.

e) Išimkite filė iš marinato ir perkelkite ant grotelių. Virkite 4 minutes. Apverskite ir ant viršaus patepkite papildomu marinatu. Kepkite 4 minutes ilgiau arba tol, kol žuvis šiek tiek suminkštes.

f) Padalinkite į keturias lygias dalis, papuoškite likusia apelsino žievele ir patiekite.

## 11. Menkė su Puttanesca padažu

- 2 vienetai tvirtos aliuminio folijos, kiekviena 12 colių kvadrato
- 2 svarai menkės filė
- 1 valgomasis šaukštas alyvuogių aliejaus
- 2 porai, žalieji stiebeliai nupjauti, plonais griežinėliais
- 1 vidutinio dydžio pomidoras, supjaustytas kubeliais
- ¼ puodelio šampano (arba sauso baltojo vyno)
- 8-10 kalamata alyvuogių, be kauliukų ir supjaustytų griežinėliais
- 3-4 česnako skiltelės, susmulkintos
- 2 šaukštai kaparėlių
- 1 arbatinis šaukštelis šviežio raudonėlio

- 1 arbatinis šaukštelis balzamiko acto
- 1 arbatinis šaukštelis šviežiai maltų juodųjų pipirų
- Druska

a) Įkaitinkite grilį.

b) Ant folijos uždėkite menkę, aptepkite aliejumi, ant viršaus dėkite porus, pomidorą, šampaną, alyvuoges, česnaką, kaparėlius, raudonėlį, actą, pipirus ir druską pagal skonį.

c) Tvirtai užspauskite foliją aplinkui. Apvyniokite antrą folijos gabalėlį aplink paketą, užspauskite jį priešingoje pusėje. Įsitikinkite, kad paketas yra saugus. Padėkite ant grotelių tiesiai virš ugnies. Virkite 8–10 minučių; apverskite ir kepkite 3–4 minutes ilgiau. Atidarykite pakuotę ir įkiškite peilio galiuką į filė. Jei jis jaučiasi tvirtas, tai padaryta.

d) Nukelkite nuo ugnies, atidenkite ir perkelkite indą į didelę serviravimo lėkštę.

SERVISAS 2-4

## 12. Hugo pusryčių žuvienės

Tarnauja 4

- 400 g (14 uncijų) miltinių pagrindinių bulvių, virtų
- 300 g (11 uncijų) menkės filė
- 225 ml (8fl oz) riebaus pieno
- 1 nulupta citrinos žievelės juostelė
- 1 lauro lapas
- 40 g ($1\frac{1}{2}$ uncijos) sviesto
- 2 šaukšteliai alyvuogių aliejaus
- 1 nedidelis svogūnas, smulkiai pjaustytas
- sauja petražolių
- 1 šaukštelis šviežių citrinų sulčių
- 25 g (1 uncijos) paprastų miltų
- 1 didelis kiaušinis, sumuštas
- 100 g (4 uncijos) šviežių baltų džiūvėsėlių

a) Į keptuvę sudėkite žuvį, pieną, citrinos žievelę, lauro lapą ir šiek tiek juodųjų pipirų. Uždenkite, užvirkite ir troškinkite 4 minutes arba kol žuvis ką tik iškeps.

b) Vidutinio dydžio keptuvėje ištirpinkite 15 g ($\frac{1}{2}$ uncijos) sviesto, įpilkite 1 arbatinį šaukštelį alyvuogių aliejaus ir svogūną ir švelniai kepkite 6-7 minutes, kol taps minkšti ir permatomi, bet ne rudi. Sudėkite bulvių košę ir leiskite joms sušilti; tada supilkite žuvį, petražoles, citrinos sultis ir 2 šaukštus brakonieriaus pieno ir gerai išmaišykite.

c) Į negilų indą įmuškite kiaušinį, į kitą – džiūvėsėlius. Šiek tiek drėgnomis rankomis iš miltų mišinio suformuokite aštuonis maždaug 1 cm ($\frac{1}{2}$ colio) storio žuvies pyragus. Įmerkite juos į išplaktą kiaušinį, o tada į džiūvėsėlius, sudėkite į kepimo skardą ir šaldykite 1 valandą (arba dar geriau per naktį) šaldytuve.

d) Likusį sviestą ir paskutinį arbatinį šaukštelį aliejaus pakaitinkite nepridegančioje keptuvėje, kol sviestas ištirps, sudėkite žuvies pyragus ir švelniai kepkite maždaug 5 minutes iš kiekvienos pusės iki auksinės spalvos.

## 13. Braziliškas žvejų troškinys

Išeiga: 6 porcijos

Ingredientas

- 3 Svogūnai, supjaustyti
- ½ arbatinio šaukštelio česnako, malto
- 2 šaukštai margarino
- 16 uncijų baltųjų pupelių, nusausintų
- 2 litrai vandens
- 2 lauro lapai
- 16 uncijų vištienos sultinys
- 16 uncijų troškintų pomidorų

- 1½ arbatinio šaukštelio čiobrelių
- 1 svaras baltos žuvies
- ¼ puodelio citrinos sulčių
- ½ stiklinės vandens

a) Dideliame puode sriubai apkepkite svogūnus ir česnakus margarine, kol svogūnai taps skaidrūs, maždaug 5 minutes. Įpilkite pupelių, 2 litrus vandens, lauro lapų, vištienos sultinio, pomidorų ir čiobrelių. Užvirinkite; sumažinkite ugnį ir troškinkite 30 minučių.

b) Atskiroje keptuvėje 5-10 minučių pavirkite žuvį citrinos sultyse ir ½ puodelio vandens, kol žuvis lengvai suskils.

c) Nupilkite citrinos vandenį; žuvį sudėkite į troškinį ir prieš patiekdami gerai pakaitinkite.

# SARDINOS IR Skumbrės

## 14. Ant grotelių keptų sardinių troškinys

Išeiga: 4 porcijos

Ingredientas

- 4 šaukštai alyvuogių aliejaus
- 1 puodelis maltų svogūnų
- 2 lauro lapai
- 1 druskos; paragauti
- 1 šviežiai maltų juodųjų pipirų; paragauti
- ½ svaro chorizo dešros; supjaustyti 1/4 storio
- 12 sveikų česnako skiltelių; nulupti, blanširuoti
- 1 puodelis nuluptas; išsėtus, susmulkintus šviežius tomus

- ½ svaro naujų bulvių; ketvirčiais
- 2 arbatinius šaukštelius smulkintų šviežių čiobrelių lapelių
- 2 arbatinius šaukštelius susmulkinto šviežio baziliko
- 2 arbatiniai šaukšteliai susmulkintų šviežių petražolių lapelių
- 1 litras vištienos sultinio
- 16 šviežių sardinių
- 16 medinių iešmelių; mirkomi vandenyje

a) Dideliame puode ant vidutinės-stiprios ugnies įkaitinkite 2 šaukštus aliejaus. Kai aliejus įkaista, suberkite svogūnus. Rankomis sutrinkite lauro lapus ant svogūnų. Pagardinkite druska ir pipirais.

b) Troškinkite 8 minutes. Sudėkite dešrą ir toliau kepkite 2 minutes. Sudėkite česnako skilteles ir pomidorus. Pagardinkite druska ir pipirais. Troškinkite 2 minutes. Įmaišykite bulves ir žoleles.

c) Įpilkite vištienos sultinio ir užvirinkite skystį. Supilkite sardines su likusiu alyvuogių aliejumi. Pagardinkite druska ir pipirais. Ant kiekvieno medinio iešmo susmeikite po keturias sardines. Dėkite vėrinukus ant grotelių ir kepkite po 2 minutes iš kiekvienos pusės.

d) Išimkite iš grotelių. Norėdami patiekti, troškinį sudėkite į kiekvieno negilaus dubenėlio centrą. Ant troškinio uždėkite vieną sardinių iešmelį ir patiekite.

## 15. Įdarytos sardinės

- 14 didelių (arba 20 mažų sardinių)
- 14-20 šviežių lauro lapų
- 1 apelsinas, perpjautas išilgai, tada supjaustytas griežinėliais
- įdarui
- 50 g (2 uncijos) serbentų
- 4 šaukštai aukščiausios kokybės pirmojo spaudimo alyvuogių aliejaus
- 1 svogūnas, smulkiai pjaustytas
- 4 česnako skiltelės, smulkiai pjaustytos
- žiupsnelis susmulkintų džiovintų čili pipirų
- 75 g (3 uncijos) šviežių baltų džiūvėsėlių
- 2 šaukštai šviežiai kapotų plokščialapių petražolių

- 15 g (½ uncijos) ančiuvių filė alyvuogių aliejuje, nusausinta
- 2 šaukštai smulkių kaparėlių, susmulkintų
- ½ mažo apelsino žievelės ir apelsinų sulčių
- 25 g (1 uncijos) smulkiai tarkuoto pecorino arba parmezano
- 50 g (2 uncijos) pušies riešutų, lengvai paskrudintų

a) Įdarui serbentus užpilkite karštu vandeniu ir atidėkite 10 minučių, kad apskrustų. Keptuvėje įkaitinkite aliejų, suberkite svogūną, česnaką ir susmulkintą džiovintą čili ir švelniai pakepinkite 6–7 minutes, kol svogūnas suminkštės, bet neparus. Nuimkite keptuvę nuo ugnies ir įmaišykite džiūvėsėlius, petražoles, ančiuvius, kaparėlius, apelsino žievelę ir sultis, sūrį ir pušies riešutus. Serbentus gerai nusausinkite ir išmaišykite, tada pagal skonį pagardinkite druska ir pipirais.

b) Supilkite maždaug 1,5 šaukšto įdaro išilgai kiekvienos sardinės galvos ir susukite jas link uodegos. Sandariai supakuokite juos į aliejumi pateptą negilią kepimo formą.

c) Žuvį lengvai pabarstykite druska ir pipirais, apšlakstykite dar trupučiu aliejaus ir kepkite 20 min. Patiekite kambario temperatūroje arba šaltą kaip antipasti asortimento dalį.

## 16. Deviltoji skumbrė

Tarnauja 4

- 4 skumbrės, išvalytos ir apipjaustytos
- 40 g (1½ uncijos) sviesto
- 1 šaukštelis smulkaus cukraus
- 1 šaukštelis angliškų garstyčių miltelių
- 1 šaukštelis kajeno pipirų
- 1 šaukštelis paprikos
- 1 šaukštelis maltos kalendros
- 2 šaukštai raudonojo vyno acto
- 1 šaukštelis šviežiai maltų pipirų
- 2 šaukšteliai druskos
- mėtų ir pomidorų salotoms
- 225 g (8 uncijos) mažų vynmedžių prinokusių pomidorų, supjaustytų griežinėliais

- 1 nedidelis svogūnas, perpjautas per pusę ir labai plonais griežinėliais
- 1 valgomasis šaukštas šviežiai kapotų mėtų
- 1 valgomasis šaukštas šviežių citrinų sulčių

a) Nedidelėje kepimo formoje ištirpinkite sviestą. Nukelkite nuo ugnies, įmaišykite cukrų, garstyčios, prieskonius, actą, pipirus, druską ir gerai išmaišykite. Įdėkite skumbrę į prieskoniais pagardintą sviestą ir vieną ar du kartus apverskite, kol gerai pasidengs mišiniu, taip pat paskirstykite šiek tiek į kiekvienos žuvies ertmę. Perkelkite juos ant lengvai aliejumi pateptos kepimo skardos arba kepsninės grotelių ir kepkite ant grotelių po 4 minutes iš kiekvienos pusės, kol iškeps.

b) Tuo tarpu salotoms į keturias serviravimo lėkštes išdėliokite griežinėliais pjaustytus pomidorus, svogūną ir mėtas, sluoksnius apšlakstykite citrinos sultimis ir prieskoniais. Kartu sudėkite virtą skumbrę ir patiekite, jei norite, su keptomis griežinėliais bulvėmis.

# MIDIJAI IR MOLIUSAI

## 17. Midijos a la Brazilija

Išeiga: 3 porcijos

Ingredientas

- 1½ kilogramo midijų
- 4 Askaloniniai česnakai smulkiai pjaustyti
- 1 česnako skiltelė susmulkinta
- 2 šaukštai alyvuogių aliejaus
- 3 arbatiniai šaukšteliai sviesto
- ⅔ puodelis Sausas baltasis vynas
- ⅓ puodelis Vanduo
- 3 arbatiniai šaukšteliai Smulkiai pjaustytų petražolių

- 2 šviežių čiobrelių šakelės arba žiupsnelis džiovintų čiobrelių
- 2 lauro lapai
- ½ arbatinio šaukštelio maltų juodųjų pipirų
- 125 mililitrai Šviežia grietinėlė
- Papildomai kapotų petražolių
- Citrinų ketvirčiai

a) Jei midijų kiautai įtrūkę arba sulūžę, juos išmeskite. Jei midijos yra šiek tiek atviros, staigiai bakstelėkite, o jei neužsidaro, išmeskite.

b) Švelniai pakepinkite česnaką ir askaloninius česnakus alyvuogių aliejuje ir svieste, kol jie taps skaidrūs, bet nenuspalvins. Įpilkite vyno, vandens, petražolių, čiobrelių, lauro lapų, pipirų ir midijų. Ant viršaus užpilkite grietinėlės.

c) Uždenkite keptuvę dangčiu, užvirkite ir virkite ant stiprios ugnies apie 4 minutes, nuolat purtant keptuvę. Lukštai atsidarys, kol midijos iškeps.

## 18. Braziliškas jūros gėrybių troškinys

Išeiga: 4 porcijos

Ingredientas

- ½ puodelio alyvuogių aliejaus
- 250 gramų kubeliais pjaustytos kiaulienos
- 2 svogūnai; susmulkinti
- 2 pomidorai; nulupti ir susmulkinti
- 2 Cabanossi lazdelės; supjaustyti
- 2 skiltelės česnako; sutraiškytas
- 3 puodeliai Sunlong ilgagrūdžių ryžių
- 2 puodeliai Vandens
- 1 puodelis baltojo vyno
- ¼ arbatinio šaukštelio šafrano
- 2 arbatinius šaukštelius karšto vandens
- 500 gramų žalių krevečių; nulupti ir nulupti

- 500 gramų midijų; nuimtos barzdos
- 2 Calamari gaubtai; supjaustyti
- ½ puodelio Šaldytų žirnių

a) Didelėje keptuvėje įkaitinkite pusę aliejaus. Kepkite kiaulieną, svogūnus, pomidorus, kabanosus ir česnakus 3 minutes. Išimkite į lėkštę.

b) Toje pačioje keptuvėje įkaitinkite likusį aliejų. Troškinkite Sunlong ilgagrūdžius ryžius 1 minutę. Įmaišykite vandenį, vyną ir šafraną bei karštą vandenį. Troškinkite neuždengę 5 minutes.

c) Įpilkite jūros gėrybių ir kiaulienos mišinio. Troškinkite uždengę 5 minutes, retkarčiais pamaišydami. Troškinkite dar 5 minutes neuždengę. Išmaišykite per žirnius.

d) Troškinkite dar 5 minutes arba tol, kol visas skystis susigers ir ryžiai suminkštės.

e) Patiekite troškintuvą su žaliomis salotomis ir traškia duona.

## 19. Brazilijos moliuskų kepinys

Išeiga: 4 porcijos

Ingredientas

- 4 mažos raudonos bulvės
- ½ svaro chorizo dešros; supjaustyti
- 4 pusryčių dešrelės
- 4 dešrainiai
- 4 svogūnai; nulupti
- 2 ausys saldžiųjų kukurūzų; sudužęs, sulaužytas
- 2 lauro lapai
- druskos pagal skonį
- šviežiai maltų juodųjų pipirų; paragauti
- maltų raudonųjų pipirų dribsnių; paragauti
- 2 litrų garlaivių; (minkšti moliuskai)
- 3 šaukštai susmulkinto žalio svogūno

- 3 šaukštai kapotų petražolių; garnyrui

a) Dideliame puode sumaišykite bulves, dešreles, dešreles, svogūnus, kukurūzus ir lauro lapus. Užpildykite maždaug 3 litrais šalto vandens ir pagal skonį pagardinkite druska, pipirais ir grūstais raudonaisiais pipirais.

b) Užvirinkite, sumažinkite ugnį ir troškinkite 20 minučių. Sudėkite moliuskus, uždenkite ir virkite, kol atsidarys, apie 15 minučių. Tai galite patiekti tiesiai iš puodo prie stalo.

## 20. Brazilijos moliuskų troškinys

Išeiga: 4 porcijos

Ingredientas

- 2 stiklinės naujų bulvių; ketvirčiais, virti
- 1 valgomasis šaukštas alyvuogių aliejaus
- 1 svaras Chorizo dešros; apie 4 nuorodas
- ⅔ puodelis svogūnas; susmulkinti
- ¼ puodelio kalendros; susmulkinti
- 2 šaukštai česnako; malta
- 2 šaukštai askaloniniai česnakai; malta
- 2 puodeliai bulvių; vidutinio dydžio kauliukai
- 2 arbatiniai šaukšteliai druskos
- ½ arbatinio šaukštelio maltų raudonųjų pipirų
- 1 arbatinis šaukštelis juodųjų pipirų
- 4 puodeliai krevečių sultinio
- 48 Moliuskai; nušveistas

- 1 stiklinės itališkų slyvinių pomidorų; nulupti
- ½ puodelio žaliųjų svogūnų; susmulkinti
- 2 arbatiniai šaukšteliai esencijos
- ¾ puodelio skrudintų česnakų aioli
- 12 riekelių traškios duonos
- 2 šaukštai petražolių; susmulkinti

a) Įkaitinkite orkaitę iki 375 laipsnių F. Keptuvėje įkaitinkite alyvuogių aliejų. Kai keptuvė karšta, suberkite chorizo. Kepkite dešrą 2-3 minutes.

b) Įpilkite svogūnų, kalendros, česnako, askaloninių česnakų, bulvių, druskos, maltų raudonųjų pipirų, juodųjų pipirų ir krevečių padažo. Užvirinkite. Sudėkite moliuskus, pomidorus, žaliuosius svogūnus ir esenciją. Uždenkite keptuvę ir virkite ant stiprios ugnies, kol visi moliuskai atsidarys, maždaug 5 minutes. Nuimkite nuo ugnies. Skrebučiams: ant kiekvienos duonos riekės užtepkite po 1 valgomąjį šaukštą aioli.

c) Kepkite 2-3 minutes arba iki auksinės rudos spalvos. Troškinį sudėkite į negilų dubenį ir patiekite su skrebučiais. Papuoškite kapotomis petražolėmis.

## 21. Braziliški garuose kepti moliuskai

Išeiga: 2 porcijos

Ingredientas

- 2 uncijos virto kumpio; smulkiai sukapoti
- $\frac{1}{4}$ puodelio Smulkiai pjaustytų askaloninių česnakų
- 2 česnako skiltelės; malta
- $\frac{1}{2}$ arbatinio šaukštelio džiovintų aitriųjų raudonųjų pipirų dribsnių
- 3 šaukštai alyvuogių aliejaus
- $\frac{1}{2}$ puodelio sauso baltojo vyno
- $\frac{1}{2}$ raudonosios paprikos; smulkiai sukapoti
- 18 mažų kietų moliuskų
- 1 šaukštas šviežių citrinų sulčių; pliusas

- 2 arbatiniai šaukšteliai šviežių citrinų sulčių; arba pagal skonį
- ⅓ puodelis Smulkiai pjaustytų šviežių kalendros lapelių

a) Virdulyje ant vidutiniškai silpnos ugnies aliejuje virkite kumpį, askaloninius česnakus, česnakus ir raudonųjų pipirų dribsnius, maišydami 3 minutes, supilkite vyną, papriką ir moliuskus, o mišinį uždenkite garuose. 5 minutes arba tol, kol moliuskai pradės atsidaryti.

b) Žnyplėmis atidarytus moliuskus perkelkite į 2 įkaitintus dubenėlius, uždenkite ir toliau virkite neatidarytus moliuskus, purtydami virdulį ir perkelkite moliuskus jiems atsidarę iki 10 minučių.

c) Nukelkite virdulį nuo ugnies, į sultinį įmaišykite citrinos sultis ir kalendras, o sultinį užpilkite ant moliuskų.

## 22. Kreminė midijų sriuba su šafranu

Tarnauja 4

- 750 g (1 svaras 10 uncijos) mažų midijų, išvalytų
- 4 šaukštai sauso baltojo vyno
- 50 g (2 uncijos) sviesto
- 225 g (8 uncijos) nuluptų salierų, susmulkintų
- 125 g (4½ uncijos) poro, supjaustyto
- 1 nedidelė česnako skiltelė, susmulkinta
- apie 750 ml žuvies sultinio
- geras žiupsnelis šafrano sruogelių
- 175 g (6 uncijos) vynuogyne nokintų pomidorų
- 4 šaukštai crème fraîche

a) Į vidutinio dydžio keptuvę sudėkite midijas ir 2 šaukštus vyno. Uždėkite ant stiprios ugnies ir virkite 2-3 minutes arba tol, kol midijos ką tik atsidarys.

b) Švarioje keptuvėje ištirpinkite sviestą, supilkite salierą, porą, česnaką ir likusį vyną. Uždenkite ir švelniai virkite 5 minutes.

c) Į didelį matavimo ąsotį supilkite visus, išskyrus paskutinius šaukštus ar du, midijų skysčio ir žuvies sultiniu praskieskite iki 900 ml. Sudėkite į keptuvę su daržovėmis kartu su šafranu ir pomidorais, uždenkite ir švelniai troškinkite 30 minučių.

d) Palikite sriubą šiek tiek atvėsti, tada sutrinkite iki vientisos masės. Pirmiausia pertrinkite per sietelį, tada dar kartą permeskite per chinois į švarią keptuvę ir vėl užvirkite. Įmaišykite crème fraîche ir šiek tiek prieskonių pagal skonį.

e) Nukelkite keptuvę nuo ugnies ir įmaišykite midijas, kad jos trumpam sušiltų, bet neleiskite joms iškepti daugiau, nei jau yra.

## 23. Razor Clams a la Plancha

Tarnauja 4

- 24 skutimosi moliuskai, skalbti
- geros kokybės aukščiausios kokybės pirmojo spaudimo alyvuogių aliejaus
- citrinos skiltelės
- patiekimui šviežiai pjaustytų petražolių lapelių, jūros druskos dribsnių ir šviežiai maltų juodųjų pipirų

a) Įkaitinkite didelę keptuvę arba plokščią keptuvę ant stiprios ugnies, kol ji labai įkais. Įpilkite šiek tiek alyvuogių aliejaus ir vieną sluoksnį moliuskų, vyriais žemyn.

b) Kai tik jie atsidarys, apverskite juos taip, kad mėsa liestųsi su keptuvės dugnu, ir kepkite apie 1 minutę, kol švelniai apskrus.

c) Moliuskus apverskite, apšlakstykite dar trupučiu alyvuogių aliejaus ir padėkite ant pašildytos serviravimo lėkštės. Patiekite su citrinos skiltele ar dviem ir pabarstę kapotomis petražolėmis, trupučiu jūros druskos ir šviežiai maltų juodųjų pipirų bei bet kokiomis sultimis iš keptuvės. Pakartokite procesą su likusiais moliuskais.

## 24. Atšaldyti vėžiagyviai su kreminiais Aioli

Tarnauja 6

- 1,5 kg (3 svarai 5 uncijos) mažų moliuskų, mažų midijų ar gaidžių arba mišinio
- 150 ml (¼ pintos) sauso baltojo vyno
- 500 g (1 svaras) virtų kiautų ant Šiaurės Atlanto krevečių, nuimtos galvos, bet ne likusios lukšto dalys
- aïoli (žr. žemiau)
- 3 šaukštai šviežiai kapotų plokščialapių petražolių
- daug šviežios prancūziškos duonos

a) Sudėkite vėžiagyvius į didelę keptuvę su vynu, uždenkite ir virkite ant stiprios ugnies, retkarčiais pakratydami keptuvę 2–3 minutes arba kol jie visi ką tik atsidarys. Įmeskite juos į kiaurasamtį, pastatytą virš dubens, kad surinktų virimo sultis.

b) 3 šaukštus virimo skysčio grąžinkite į atvėsintą keptuvę su aïoli ir trumpai plakite iki vientisos masės. Grąžinkite vėžiagyvius į padažą su krevetėmis ir 2 šaukštais petražolių. Gerai išmaišykite ir palikite atvėsti, bet neatvėsinkite.

c) Norėdami patiekti, išdėkite vėžiagyvius ant didelės ovalios lėkštės arba atskirų lėkščių ir pabarstykite likusiomis petražolėmis. Patiekite su daug šviežios prancūziškos duonos.

d) Norėdami pagaminti aioli, sutrinkite 4 susmulkintas česnako skilteles ir ½ arbatinio šaukštelio druskos iki vientisos masės. Supilkite į dubenį ir įpilkite 1 vidutinį kiaušinio trynį ir 2 arbatinius šaukštelius citrinos sulčių. Plakite kartu su elektriniu plaktuvu, lėtai pildami aliejų.

## 25. Atlanto garuose garuose minkšti kriauklės

Išeiga: 1 porcija

Ingredientas

- 4 kiekvienas Tuzinas mažų minkštųjų moliuskų kiautuose
- 1 puodelis Vandens
- 1 valgomasis šaukštas jūros gėrybių prieskonių
- ¼ arbatinio šaukštelio pipirų
- 1 valgomasis šaukštas margarino

a) Pabarstykite prieskoniais. Sandariai uždenkite, užvirkite ir sumažinkite ugnį. Kepkite 10–15 minučių arba kol atsidarys lukštai. Nusausinkite moliuskus, rezervuodami skystį.

b) Skystį nukoškite ir supilkite margariną.

c) Patiekite karštus moliuskus su lukštais su sultiniu ant šono, kad pamirkytumėte.

# KREVETĖS IR KREVETĖS

## 26. Braziliško stiliaus aštrios krevetės

Išeiga: 1 porcija

Ingredientas

- 2 svarai Jumbo krevečių, nuluptos ir nuluptos
- 1 valgomasis šaukštas malto česnako
- 1 valgomasis šaukštas Smulkiai sumaltos šviežios raudonosios kajeno paprikos, be sėklų
- ½ puodelio aukščiausios kokybės pirmojo spaudimo alyvuogių aliejaus, pageidautina importuoto iš Brazilijos

- ½ puodelio aukščiausios kokybės pirmojo spaudimo alyvuogių aliejaus
- Raudonųjų aitriųjų pipirų padažas, pagal skonį

a) Stiklinėje kepimo formoje supilkite krevetes su česnaku, čili ir alyvuogių aliejumi. Uždenkite ir marinuokite šaldytuve mažiausiai 24 valandas. Įkaitinkite grilį arba broilerį ir kepkite krevetes, retkarčiais aptepdami marinatu, 2–3 minutes iš kiekvienos pusės.

b) Mažame dubenyje pagal skonį sumaišykite ½ puodelio alyvuogių aliejaus ir raudonųjų aitriųjų pipirų padažo.

c) Patiekite karštas ant grotelių keptas krevetes su panirimo padažu.

d)

## 27. Jūros gėrybės Tempura

Tarnauja 8

- 250 g (9 uncijos) kalmarų (maišeliai ir čiuptuvai)
- 20 žalių tigrinių krevečių
- 250 g (9 uncijos) nulupta citrinos liežuvio filė
- daug saulėgrąžų aliejaus, skirtas kepti
- tempura tešlai
- 115 g (4¼ uncijos) paprastų miltų
- 115 g (4¼ uncijos) kukurūzų miltų
- 300 ml (¼ pintos) ledinio sodos vandens iš naujo buteliuko
- jūros druska
- sojos ir imbiero padažui
- 90 ml (3fl oz) tamsaus sojų padažo

- 2 plonos griežinėliai nulupto šviežio imbiero šaknies, labai smulkiai pjaustytų
- ½ krūvos plonų laiškinių svogūnų, labai plonais griežinėliais
- saldžiųjų aitriųjų paprikų padažui
- 150 ml (5fl uncijos) saldaus čili padažo
- 1 valgomasis šaukštas šviesaus sojų padažo
- ¼ šaukštelio kiniškų penkių prieskonių miltelių
- 1½ šaukštelio šalto vandens

a) Sumaišykite kiekvieno padažo ingredientus.

b) Į didelį dubenį persijokite pusę miltų, pusę kukurūzų miltų ir žiupsnelį druskos, o į kitą – likusius miltus ir kukurūzų miltus bei žiupsnelį druskos.

c) Į tešlą įmeskite aštuonis gabalėlius sumaišytų jūros gėrybių, po vieną iškelkite ir iškart įmeskite į karštą aliejų. Kepkite vos 1 minutę, kol taps traškūs ir švelniai auksinės spalvos, tada ištraukite ir nusausinkite ant daug virtuvinio popieriaus.

## 28. Krevečių kukuliai ir makaronų sriuba

Tarnauja 4

**Sriubai**
- 3,5 litro vištienos sultinio
- 8 česnako skiltelės, supjaustytos
- 5 cm (2 colių) imbiero šaknies gabalas
- 3 šaukštai tailandietiško žuvies padažo
- 160 g (5¾oz) plonų azijietiškų makaronų
- 1 vidutinio karštumo raudonoji čili, plonai supjaustyta
- 4 šaukšteliai laimo sulčių
- 30 g (1¼ uncijos) svogūnų, supjaustytų griežinėliais
- 125 g (4½ uncijos) šviežių pupelių daigų
- nedidelė sauja šviežių mėtų ir kalendrų

**Dėl koldūnų**

- 240 g (8½ uncijos) liesos maltos kiaulienos
- 2 g žiupsnelio tailandietiškų krevečių pastos
- 1 kiaušinis
- 80 g (3 uncijos) nuluptų žalių krevečių

a) Supilkite sultinį į didelę keptuvę kartu su česnaku, imbieru ir žuvies padažu. Palikite troškintis 1 val. Nukoškite į švarią keptuvę ir toliau troškinkite, kol sumažės iki 1,2 litro (2 pintos). Laikykite karštą.

b) Norėdami pagaminti kukulius, kiaulienos faršą sudėkite į virtuvinį kombainą su krevečių pasta, kiaušiniu ir ¼ arbatinio šaukštelio druskos ir sutrinkite į vientisą masę. Supjaustykite krevetes išilgai. Maltos kiaulienos pastą perkelkite į dubenį ir įmaišykite susmulkintas krevetes. Suformuokite 10–15 g (¼–½ uncijos) mišinio gabalėlius į mažus rutuliukus ir sudėkite ant atidaryto žiedlapių garintuvo.

c) Įkaitinkite keturis gilius sriubos dubenis žemoje orkaitėje. Didelę negilią keptuvę pripildykite vandens iki 2 cm gylio ir užvirinkite. Įpilkite koldūnų žiedlapių garintuvą, sumažinkite ugnį iki mažos ugnies, uždenkite ir troškinkite 4 minutes arba kol iškeps.

## 29. Braziliškas jūros gėrybių troškinys

Išeiga: 10 porcijų

Ingredientas

- ¾ svarų menkės Žuvies filė
- 1 svaras vidutinių krevečių
- ¼ puodelio laimo sulčių; padalintas
- ½ arbatinio šaukštelio pipirų padažo
- 1 arbatinis šaukštelis druskos; padalintas
- 2 šaukštai alyvuogių aliejaus
- 1 stiklinė susmulkinto svogūno
- 1 puodelis susmulkintos žaliosios paprikos
- 2 didelių česnako skiltelių; malta

- 4 stiklinės konservuotų nuluptų sveikų pomidorų
- ¾ puodelio kokosų pieno
- 1 puodelis susmulkinto žalio svogūno
- 1 puodelis kapotos šviežios kalendros
- Karštai virti ryžiai

a) Sekliame nealiuminio dubenyje sumaišykite žuvį, krevetes, 2 šaukštus laimo sulčių, 1/4 arbatinio šaukštelio pipirų padažo ir 1/2 arbatinio šaukštelio druskos; išmeskite maišyti. Uždenkite ir marinuokite šaldytuve 30 minučių. Didelėje keptuvėje ant vidutinės-stiprios ugnies įkaitinkite aliejų; pakepinkite svogūną, žaliąją papriką ir česnaką, kol suminkštės. Sulaužyti pomidorus; pridėti į keptuvę. Įpilkite kokosų pieno, likusius 2 šaukštus žaliosios citrinos sulčių, 1 arbatinį šaukštelį pipirų padažo ir 1/2 šaukštelio druskos. Gerai ismaisyti. Užvirinkite, sumažinkite ugnį ir virkite 2–3 minutes. Sudėkite marinuotą žuvį ir troškinkite 10 minučių arba tol, kol jūros gėrybės iškeps.

b) Sudėkite krevetes ir troškinkite dar 5 minutes. Prieš patiekdami įmaišykite žalią svogūną ir kalendrą.

# LAŠIŠA

## 30. Lašiša vina olki

Išeiga: 1 porcija

Ingredientas

- 2 puodeliai Acto
- 4 puodeliai Vandens
- 2 arbatiniai šaukšteliai cinamono
- 4 arbatiniai šaukšteliai Maltų kmynų sėklų
- 6 didelės česnako skiltelės, sutrintos
- Druska ir pipirai pagal skonį
- Lašiša

a) Sumaišykite visus ingredientus dideliame virdulyje ir gerai išmaišykite.

b) Sudėkite lašišos skilteles ir gerai išmaišykite, kad kiekviena skiltelė susigertų prieskoniais ir česnaku.

c) Palikite sūryme per naktį, bet ne ilgiau kaip 24 valandas, nes lašiša linkusi tapti puri.

d) Išimkite iš sūrymo, apvoliokite krekerių trupiniuose ar miltuose ir kepkite karštame aliejuje.

## 31. Lašišos ir baravykų kebabai

- ¼ puodelio alyvuogių aliejaus
- ¼ puodelio petražolių, smulkiai pjaustytų
- ¼ puodelio šviežių čiobrelių, su stiebais, smulkiai pjaustytų
- 2 šaukštai citrinos sulčių
- 2 šaukštai stambiai maltų juodųjų pipirų
- 1 arbatinis šaukštelis druskos
- 1½ svaro lašišos filė, supjaustyta 24 kubeliais
- 1–1½ svaro grybų
- 8 mediniai iešmeliai
- Citrinos skiltelės

a) Dideliame dubenyje sumaišykite aliejų, petražoles, čiobrelius, citrinos sultis, druską ir pipirus.

b) Suberkite lašišos gabalėlius, gerai išmaišykite, uždenkite ir šaldykite 1 valandą.

c) Įkaitinkite grilį.

d) Išimkite mišinį iš šaldytuvo, sudėkite grybų gabalėlius ir išmaišykite, kad grybai pasidengtų marinatu. Nusausinkite kiaurasamtyje.

e) Ant iešmelių pakaitomis sudėkite lašišą ir grybus, kad pagamintumėte aštuonis kebabus, kiekvieną sluoksniuodami su trimis žuvies gabalėliais ir trimis grybų gabalėliais.

f) Išmirkytus iešmelius dėkite ant aliejumi pateptų grotelių ir kepkite 4 minutes. Apverskite ir kepkite 4 minutes ilgiau arba tol, kol filė šiek tiek suminkštės.

## 32. Ant grotelių kepta laukinė karališkoji lašiša

- 1 omaras, 1¾ svarų
- ½ stiklinės lydyto sviesto
- 2 svarai lašišos filė
- ¼ puodelio smulkiai supjaustyto raudonojo svogūno
- 3 šaukštai baltojo acto
- 2 šaukštai vandens
- ¼ puodelio riebios grietinėlės
- 2 šaukštai smulkiai supjaustyto šviežio peletrūno
- 4 šaukštai (½ lazdelės) sviesto
- Druska ir šviežiai malti juodieji pipirai
- Citrinos skiltelės ir sultys
- Kraujo apelsinų salotos

a) Į omaro ertmę supilkite sviestą ir citrinos sultis.

b) Padėkite omarą ant nugaros ant grotelių, virš dūmų keptuvės. Uždarykite dangtį ir rūkykite apie 25 minutes. Perkelkite į pjaustymo lentą ir nuimkite mėsą nuo uodegos ir nagų, koralus ir visas sultis palikite šaldytuve.

c) Norėdami pagaminti beurre blanc, svogūnus, actą ir vandenį užvirinkite vidutiniame puode ant vidutinės-stiprios ugnies; sumažinkite ugnį ir troškinkite 3-4 minutes arba kol sumažės maždaug perpus. Įpilkite grietinėlės ir peletrūno; troškinkite 1-2 minutes arba kol sumažės per pusę. Išplakite sviesto gabalėlius.

d) Paruoškite groteles ir padėkite lašišą ant karštos pusės.

e) Į puodą su beurre blanc supilkite omarų gabalėlius ir sultis, išmaišykite ir padidinkite ugnį iki vidutinės. Troškinkite, uždengę, keletą kartų pamaišydami 3-4 minutes arba tol, kol omaro mėsa gerai įkais.

## 33. Klevų sirupo lašišos kepsniai

- ¼ puodelio gryno klevų sirupo
- ¼ puodelio mirin arba baltojo vyno
- ¼ puodelio mažai natrio turinčio sojos padažo
- 2 šaukštai alyvuogių aliejaus
- ½ citrinos sultys (apie 1½ šaukšto) ir 1 citrinos žievelės (apie 1 valgomasis šaukštas)
- 2 šaukštai maltų juodųjų pipirų
- 2 svarai lašišos, supjaustytos ¾ colio storio kepsniais

a) Sumaišykite klevų sirupą, miriną, sojų padažą, aliejų, citrinų sultis ir pipirų žirnelius nekorozinėje talpykloje. Kepsnelius sudėkite į marinatą ir 30 minučių laikykite šaldytuve.

b) Įkaitinkite grilį.

c) Lašišos kepsnelius išimkite iš marinato, nusausinkite, nusausinkite ir marinatą pasilikite. Padėkite kepsnius tiesiai ant liepsnos ir kepkite 4 minutes; apverskite ir kepkite dar 4 minutes ilgiau arba tol, kol kepsniai šiek tiek suminkštės. Retai kepkite ant grotelių trumpiau, o gerai iškepę – ilgiau.

d) Tuo tarpu, apvertę kepsnius, nedideliame puode ant vidutinės-stiprios ugnies pakaitinkite marinatą, kol užvirs, o tada troškinkite 5 minutes. Nedelsdami išjunkite šilumą.

e) Lašišos kepsnius užtepkite padažu.

## 34. Lašiša ir kukurūzų sriuba

- 1 svaras lašišos filė
- 2 varpos šviežių kukurūzų
- 2 šaukštai alyvuogių aliejaus
- 1 vidutinio smulkiai pjaustyto svogūno
- 1 vidutinė Yukon auksinė bulvė, supjaustyta kubeliais
- 2 puodeliai nenugriebto pieno
- 1 puodelis šviesios grietinėlės
- 4 šaukštai nesūdyto sviesto
- ½ arbatinio šaukštelio Vusterio padažo
- ¼ puodelio smulkiai supjaustyto peletrūno
- 1 arbatinis šaukštelis paprikos
- Druska ir šviežiai malti juodieji pipirai
- Austrių krekeriai

a) Įkaitinkite grilį.

b) Lašišą ir kukurūzų burbulus padėkite ant aliejumi pateptų grotelių. Virkite 6 minutes; tada apverskite ir kepkite 4-5 minutes ilgiau. Atidėti.

c) Aštriu peiliu nulupkite kukurūzus nuo burbuolių ir supjaustykite lašišą kąsnio dydžio gabalėliais. Atidėti.

d) Įkaitinkite 1 valgomąjį šaukštą aliejaus 4 litrų puode ant vidutinės-stiprios ugnies. Sudėkite svogūną ir bulves. Kepkite uždengę apie 10 minučių arba kol svogūnai suminkštės. Įpilkite pieno, grietinėlės, sviesto ir Worcestershire padažo. Troškinkite apie 10 minučių arba tol, kol bulvės suminkštės

e) Įmaišykite kukurūzus, lašišą, peletrūną, papriką, druską ir pipirus ir troškinkite 5 minutes.

f) Perkelkite į dubenėlius ir nedelsdami patiekite su austrių krekeriais.

## 35. Krapuose vytinta lašiša

Tarnauja 6

- 2 x 750 g (1 svaras 10 uncijų) nuluptos lašišos filė
- didelė ryšelis krapų, grubiai susmulkintų
- 100 g (4 uncijos) rupios jūros druskos
- 75 g (3 uncijos) smulkaus cukraus
- 2 šaukštai grūstų baltųjų pipirų
- krienų ir garstyčių padažui
- 2 šaukšteliai smulkiai tarkuotų krienų (šviežių arba iš stiklainio)
- 2 šaukšteliai smulkiai tarkuoto svogūno
- 1 šaukštelis Dižono garstyčių
- 1 šaukštelis smulkaus cukraus
- 2 šaukštai baltojo vyno acto
- geras žiupsnelis druskos

- 175 ml (6fl oz) dvigubo kremo

a) Vieną lašišos filė odele žemyn uždėkite ant didelės maistinės plėvelės lakšto. Sumaišykite krapus su druska, cukrumi ir grūstais pipirais ir ištepkite perpjautą lašišos veidą. Ant viršaus dėkite kitą filė, odele į viršų.

b) Tvirtai apvyniokite žuvį dviem ar trimis maistinės plėvelės sluoksniais ir pakelkite ant didelio, negilaus padėklo. Ant žuvies padėkite šiek tiek mažesnį padėklą arba pjaustymo lentą ir pasverkite. Atvėsinkite 2 dienas, apversdami žuvį kas 12 valandų, kad sūrus mišinys, kuris susidarys siuntinio viduje, apsemtų žuvį.

c) Norėdami pagaminti krienų ir garstyčių padažą, sumaišykite visus ingredientus, išskyrus grietinėlę. Grietinėlę išplakite į minkštas smailes, įmaišykite krienų mišinį, uždenkite ir atvėsinkite.

d) Norėdami patiekti, išimkite žuvį iš sūraus mišinio ir supjaustykite labai plonais griežinėliais, kaip rūkytumėte lašišą. Ant kiekvienos lėkštės išdėliokite keletą graviruoto griežinėlių ir patiekite su trupučiu padažo.

## 36. Šviežios Atlanto lašišos troškinys

Išeiga: 1 porcija

Ingredientas

- 3 lašišos filė
- 1 valgomasis šaukštas sviesto
- ¼ arbatinio šaukštelio Chef druskos
- ½ stiklinės pagardintų miltų
- 1 valgomasis šaukštas kubeliais pjaustytų pomidorų
- 1 valgomasis šaukštas kubeliais supjaustyto žalio svogūno

- 1 valgomasis šaukštas pjaustytų grybų
- 2 šaukštai baltojo kulinarinio vyno
- ½ mažos citrinos sultys
- 2 šaukštai Minkšto sviesto

a) Lašišą supjaustykite plonais griežinėliais. Lašišą pagardinkite chef druska ir apibarstykite miltais.

b) Greitai pakepinkite svieste iš abiejų pusių ir išimkite. Sudėkite griežinėliais pjaustytus grybus, pomidorą, žalią svogūną, citrinos sultis ir baltąji vyną.

c) Mažinkite ugnį maždaug 30 sekundžių. Įmaišykite sviestą ir patiekite padažą ant lašišos.

## 37. Ant grotelių kepta lašiša su pancetta

Išeiga: 4 porcijos

Ingredientas

- 1 svaras šviežių Morel grybų
- 2 askaloniniai česnakai; Sumaltas
- 1 skiltelė česnako; Sumaltas
- 10 šaukštų sviesto; Supjaustyti gabalėliais
- 1 puodelis Dry Sherry arba Madeira
- 4 gabaliukai lašišos filė
- Alyvuogių aliejus
- Druska Ir Šviežiai Malti Pipirai

- 16 žaliųjų svogūnų
- 4 šaukštai Pancetta; Supjaustytas kubeliais ir apipjaustytas

a) Askaloninius česnakus ir česnakus pakepinkite 2 šaukštuose sviesto ant mažos ugnies, kol suminkštės. Įpilkite morkų, padidinkite ugnį ir virkite 1 minutę. Įpilkite šerio ir sumažinkite per pusę.

b) Įmaišykite likusį sviestą, dirbdami ant ugnies ir išjungdami, kol jis emulsijos.

c) Įkaitinkite grilį arba grilio keptuvę. Lašišos filė aptepkite aliejumi ir pagardinkite druska bei pipirais. Perkelkite lašišą į didelę keptuvę ir kepkite orkaitėje 5–10 minučių.

d) Ant stiprios ugnies įkaitinkite vidutinio dydžio, sunkią keptuvę. Įpilkite kelis šaukštus alyvuogių aliejaus. Sudėkite žalius svogūnus ir pancetta. Kepkite trumpai, purtydami keptuvę, kad neapkeptų. Įpilkite morkų mišinio ir išmaišykite. Lengvai pagardinkite.

e) Į šiltos vakarienės lėkštės centrą įdėkite lašišos filė. Ant viršaus ir aplink šonus užpilkite morkų mišinio.

## 38. Aštrus kokosų sultinys su lašiša

Ingredientas

- 1150 g. gabalas lašišos vienam asmeniui; (nuo 150 iki 180)
- 1 puodelis jazminų ryžių
- ¼ puodelio žaliojo kardamono ankštys
- 1 arbatinis šaukštelis Gvazdikėlių
- 1 arbatinis šaukštelis baltųjų pipirų
- 2 cinamono lazdelės
- 4 žvaigždinis anyžius
- 2 šaukštai Aliejus

- 3 svogūnai; smulkiai supjaustyta
- ½ desertinio šaukštelio ciberžolės
- 1 litras kokosų pieno
- 500 mililitrų kokoso grietinėlės
- 6 dideli prinokę pomidorai
- 1 valgomasis šaukštas rudojo cukraus
- 20 mililitrų žuvies padažo
- Druska pagal skonį
- 2 šaukštai Garam masala

a) Garam Masala: Keptuvėje atskirai paskrudinkite prieskonius. Kavamalėje arba grūstuve sumaišykite visus prieskonius ir sumalkite.

b) Aštrus kokosų sultinys: didelėje keptuvėje įkaitinkite aliejų ir pakepinkite svogūnus iki skaidrumo. Įdėkite ciberžolę ir imbierą ir virkite ant mažos ugnies apie 20 minučių, tada sudėkite likusius ingredientus. Užvirinkite.

c) Kol sultinys verda, išvirkite lašišos ir jazminų ryžius. Lašišą galima troškinti žuvies sultinyje, kepti ant grotelių arba kepti keptuvėje.

### 39. Kolumbijos upė Chinook

- 1 puodelis šviežių vyšnių, nuplautų ir be kauliukų
- ½ puodelio žuvies arba vištienos sultinio
- ¼ puodelio šviežių čiobrelių su stiebais
- 2 šaukštai brendžio
- 1 arbatinis šaukštelis šviežių citrinų sulčių
- 2 šaukštai rudojo cukraus
- 1½ arbatinio šaukštelio balzamiko acto
- 1½–2 svarai lašišos filė
- Citrinos skiltelės

a) Įkaitinkite grilį.

b) Tris ar keturis kartus susmulkinkite vyšnias virtuvės kombaino dubenyje, kol jos bus stambiai susmulkintos.

c) Virkite sultinį, čiobrelius, brendį ir citrinos sultis puode ant vidutinės ugnies 10–12 minučių arba tol, kol sumažės per pusę.

d) Įpilkite rudojo cukraus ir acto, išmaišykite ir troškinkite 2–3 minutes, kol visiškai įkais. Nukelkite nuo ugnies, bet laikykite šiltai.

e) Lašišos filė sudėkite ant aliejumi pateptų grotelių ir kepkite 4–5 minutes; apverskite ir kepkite 4–5 minutes ilgiau, kol filė šiek tiek suminkštės.

f) Padalinkite į keturias porcijas. Supilkite šiltą padažą ant keturių lėkščių vidurio, sukurdami baseinus. Lašišą dėkite tiesiai ant padažo.

g) Patiekite su citrinos griežinėliais.

# CEVICHE

## 40. Avokadas ir šukutės ceviche

Ingredientas

- ½ puodelio šviežių laimo sulčių
- 3 šaukštai žemės riešutų aliejaus arba:
- Daržovių aliejus
- 24 žalieji pipirai, susmulkinti
- Druska Pagal skonį
- ¾ svarų jūros arba įlankos šukutės

- 1 didelis prinokęs avokadas, nuluptas
- 2 šaukštai šviežių česnakų
- 40 mažų baltųjų grybų
- ¼ puodelio augalinio aliejaus
- 2 šaukštai šviežių citrinų sulčių
- 1 vidutinė česnako skiltelė, nulupta ir susmulkinta
- Druska ir pipirai pagal skonį
- Svogūnėliai

a) Stikliniame arba keraminiame dubenyje sumaišykite laimo sultis, aliejų, pipirų žirnelius, druską ir pipirus. Įmaišykite šukutes

b) Avokadą sutrinkite iki beveik vientisos masės, tada kartu su laiškiniais česnakais arba laiškiniais svogūnais sudėkite į marinuojamas šukutes.

c) Nedideliame dubenyje sumaišykite augalinį aliejų, citrinos sultis, česnaką, druską ir pipirus, o grybų vidų gausiai aptepkite mišiniu.

## 41. Įlankos šukutės ceviche

Išeiga: 6 porcijos

Ingredientas

- 1½ arbatinio šaukštelio maltų kmynų
- 1 puodelis šviežių laimo sulčių
- ½ puodelio šviežių apelsinų sulčių
- 2 svarai įlankos šukutės
- 1 aštraus raudonojo čili pipiro; smulkiai supjaustyta
- ¼ puodelio raudonojo svogūno; smulkiai supjaustyta

- 3 prinokusių slyvinių pomidorų; pasėti ir susmulkinti
- 1 raudonos paprikos; pasėti ir susmulkinti
- 3 žali svogūnai; susmulkinti
- 1 puodelis kapotos šviežios kalendros
- 1 laimo; griežinėliais, papuošimui

a) Kmynus įmaišykite į laimo ir apelsinų sultis ir užpilkite ant šukučių.

b) Įmaišykite susmulkintą čili pipirą ir raudonąjį svogūną. Uždenkite ir šaldykite mažiausiai 2 valandas.

c) Prieš patiekdami, nusausinkite šukutes ir sumaišykite su pjaustytais pomidorais, paprika, žaliais svogūnais ir kalendra. Papuoškite žaliosios citrinos griežinėliais.

## 42. Ceviche solero

Išeiga: 1 porcija

- 1 svaras krevečių; nuvalyti, nulupti ir supjaustyti
- 1 svaras Snapper filė; nulupti ir supjaustyti
- 1 valgomasis šaukštas alyvuogių aliejaus
- 1 valgomasis šaukštas šviežių apelsinų sulčių
- 1 valgomasis šaukštas baltojo acto
- ½ puodelio šviežių laimo sulčių

- 1 valgomasis šaukštas česnako; susmulkinti
- 1 valgomasis šaukštas raudonojo svogūno; susmulkinti
- 4 uncijos kubeliais supjaustytos raudonosios paprikos (apie 3/8 puodelio)
- 1 Jalapeño; kubeliais
- 1 žiupsnelis Maltų kmynų
- 1 arbatinis šaukštelis druskos
- 1 valgomasis šaukštas kapotų kalendros lapelių
- 2 šaukštai pasiflorų tyrės

a) Virkite krevetes verdančiame vandenyje, kad apsemtų, 1 minutę. Nukoškite ir šaldykite, uždengę, kol atvės.

b) Dideliame dubenyje sumaišykite snaperio kubelius, aliejų, apelsinų sultis, actą, laimo sultis, česnaką, svogūną, papriką, jalapeño, kmynus, druską, kalendrą ir pasiflorų tyrę. Pridėti krevečių; uždenkite ir marinuokite šaldytuve mažiausiai 6 valandas.

c) Patiekite ant endivijų arba salotų juostelių, papuoštų pipirų juostelėmis ir žaliosios citrinos griežinėliais.

## 43. Mango-tuno ceviche

Išeiga: 4 porcijos

Ingredientas

- ¾ svarų tuno kepsnys
- ½ puodelio laimo sulčių
- ½ puodelio (4 uncijos) kokoso pieno
- 2 šaukštai alyvuogių aliejaus
- Druskos ir pipirų

- 1 puodelis Mažų kubelių mango
- 2 šaukštai smulkiai pjaustytų raudonųjų pipirų
- 2 šaukštai kapotos šviežios kalendros
- 2 šaukštai Skrudinto kokoso
- 2 šaukštai maltų askaloninių česnakų
- Kalendros šakelės papuošimui

a) Tuną supjaustykite mažais kubeliais, sudėkite į stiklinį dubenį, apliekite laimo sultimis ir kokosų pienu. Uždenkite ir šaldykite 4 valandas.

b) Nupilkite skysčio perteklių ir apšlakstykite 1 šaukštu alyvuogių aliejaus ir pagal skonį druskos bei pipirų. Kitame dubenyje sumaišykite mangą, papriką, kalendrą, askaloninius česnakus, kokosus ir likusį alyvuogių aliejų bei pagardinkite. Sumaišykite likusius ingredientus, kad galėtumėte mėgautis. Pradėkite kurti savo parfė. Į kiekvienos stiklinės dugną įdėkite po 1 valgomąjį šaukštą skanėsto. Ant viršaus uždėkite 2 šaukštus tuno.

## 44. Šukutės ceviche

Išeiga: 4 porcijos

Ingredientas

- 1 svaras Šukutės, šviežios
- 1 puodelis Sulčių, laimo, padengti
- 2 česnakai, gvazdikėliai, susmulkinti
- 1 pipirai, raudoni varpeliai, išsėti sėklomis, susmulkinti

- 2 čili, žali, saldūs, su sėklomis, susmulkinti
- ½ ryšulio kalendros, su koteliais, stambiai pjaustytos
- 1 didelis pomidoras, nuluptas, supjaustytas
- po 2 čili, Jalapeno
- ½ c aliejaus, alyvuogių

a) Supjaustykite šukutes trečdaliais, supjaustykite taip, kad išliktų forma ir būtų vienodo dydžio. Sudėkite šukutes į dubenį, supilkite žaliosios citrinos sultis ir marinuokite 1 valandą.

b) Po valandos suberkite česnaką, raudonąją papriką ir saldžiai žalią čili. Kruopščiai išmaišykite.

c) Įdėkite kalendros, pomidorų ir Jalapeno čili. Įpilkite alyvuogių aliejaus ir gerai išmaišykite.

## 45. Tuno Carpaccio vasaros ceviche

Išeiga: 6 porcijos

Ingredientas

- 1 svaras sushi tipo tuno
- 1 raudonojo svogūno; smulkiai supjaustyti
- ¼ puodelio šviežių kukurūzų; smulkiai supjaustyti
- 1 puodelis Jicama; smulkiai supjaustyti
- 1 citrina; sultys
- 1 laimo; sultys

- 1 apelsinas; sultys
- 1 ryšelis česnako
- ½ puodelio Wasabi miltelių
- 1 puodelis Vandens

a) Supjaustykite tuną į 6 lygias dalis, tepkite aliejumi ant vaškuoto popieriaus ir sudėkite popierių tarp kiekvieno tuno gabalėlio. Susmulkinkite iki norimo dydžio mėsos pjaustytuvu, tada atvėsinkite šaldytuve.

b) Į vidutinį dubenį supilkite visas daržoves ir visas citrinos, laimo ir apelsino sultis. Leiskite viskam virti 10 minučių. Nusausinkite skystį. Atšaldykite lėkštes.

c) Išimkite Carpaccio iš ledų dėžės ir nulupkite viršutinį vaškuoto popieriaus sluoksnį ir apverskite tuną ant lėkštės, tada po lygiai išdėkite ceviche tarp visų lėkščių.

d) Sumaišykite vasabi ir vandenį ir supilkite į purškimo buteliuką. Pabarstykite ant viršaus.

## 46. Wasabi ceviche snapper salotos

Išeiga: 4-6

Ingredientas

- 600 g Snapper filė, supjaustyta kubeliais
- ¼ puodelio Namida Wasabi degtinės
- ½ puodelio laimo sulčių
- 1 laimo žievelė
- 2 šaukštai tabasko; arba pagal skonį
- 1 valgomasis šaukštas cukraus
- 1 arbatinis šaukštelis druskos

- 1 puodelis pomidorų sulčių
- 1 mažas raudonasis svogūnas; smulkiai supjaustyta
- 2 pomidorai; be šerdies, sėklų, susmulkintų
- 1 raudonos paprikos; be šerdies, be sėklų, pjaustytų
- 2 šaukštai kalendros

a) Sumaišykite pirmuosius septynis elementus.

b) Uždenkite ir šaldykite mažiausiai 1 valandą.

c) Atidenkite ir pridėkite likusius ingredientus.

d) Viską gerai išmaišyti.

e) Supilkite į didelį dubenį.

f) Patiekite su kitu dubeniu, pripildytu salotų žalumynų, ir dubenėliu Namida Wasabi majonezo.

## 47. Jukatano stiliaus ceviche

Išeiga: 6 porcijos

Ingredientas

- 1½ svaro tvirtos baltos žuvies filė
- ¾ svarų Didelės krevetės, 16-24 Count
- 1 didelis saldus svogūnas
- 3-4 Habaneros, lengvai paskrudinti
- 1 puodelis šviežių laimo sulčių
- ½ puodelio šviežių apelsinų sulčių

a) Supjaustykite žuvį ¼ colio griežinėliais; eidami pašalinkite visus kaulus. Sudėkite žuvį į stiklinį arba glazūruotą keraminį indą, pakankamai didelį, kad tilptų viename sluoksnyje.

b) Krevetes nulupkite ir nuplikykite, nuplaukite jas tik prireikus, kad pašalintumėte smėlis. Krevetes perpjaukite per pusę išilgai arba supjaustykite juos drugeliu.

c) Ant žuvies padėkite krevetes. Svogūną perpjaukite per pusę išilgai, tada skersai plonais griežinėliais.

d) Ant žuvies ir krevečių sudėkite svogūną.

e) Mūvėdami gumines pirštines, Habaneros stiebą, sėklas ir skilteles išbarstykite ant svogūnų. Patiekalą pagardinkite druska ir supilkite laimo bei apelsinų sultis.

f) Uždenkite ir marinuokite šaldytuve 8 valandas arba per naktį arba tol, kol žuvis ir krevetės taps nepermatomos.

## 48. Velnio Ceviche su avokadu

Tarnauja 6

- 500 g (1 svaras) jūrų velnių filė
- 3 laimų sultys
- 1 vidutiniškai aštrus raudonasis čili pipiras, perpjautas per pusę ir be sėklų
- 1 mažas raudonasis svogūnas
- 6 vynmedžiais prinokę pomidorai, nulupti
- 3 šaukštai aukščiausios kokybės pirmojo spaudimo alyvuogių aliejaus
- 2 šaukštai šviežiai susmulkintos kalendros
- 1 didelis prinokęs, bet tvirtas avokadas

a) Laimo sultis užpilkite jūrų velniais ir įsitikinkite, kad visos žuvies griežinėliai visiškai pasidengę sultimis.

b) Tuo tarpu perpjaukite kiekvieną aitriosios paprikos pusę, kad gautumėte labai plonus, šiek tiek susiraukusius griežinėlius. Svogūną supjaustykite ketvirčiais ir kiekvieną skiltele išilgai supjaustykite plonais lanko formos griežinėliais. Kiekvieną pomidorą supjaustykite ketvirčiais ir pašalinkite sėklas. Kiekvieną minkštimo gabalėlį išilgai supjaustykite plonais lanko formos griežinėliais.

c) Prieš pat ruošdami patiekti, kiaurasamčiu ištraukite velnių sultis ir sudėkite į didelį dubenį su čili, svogūnu, pomidoru, alyvuogių aliejumi, didžiąja dalimi kalendros ir trupučiu druskos pagal skonį. Lengvai sumaišykite.

d) Avokadą perpjaukite per pusę, išimkite kauliuką ir nulupkite. Kiekvieną pusę supjaustykite išilgai plonais griežinėliais. Vienoje kiekvienos lėkštės pusėje išdėliokite 3-4 avokado skilteles. Sukraukite ceviche ant kitos pusės ir pabarstykite likusia kalendra. Patiekite iš karto.

# KALMARIAI IR AŠTUONKOJAI

## 49. Kepti kalmarai

- 250 g (9 uncijos) nuvalytų kalmarų
- alyvuogių aliejaus, sekliam kepimui
- smulkiai sumaltų manų kruopų arba paprastų miltų, apibarstyti
- citrinos griežinėliai, patiekti
- 2 česnako skiltelės
- 200 g (7 uncijos) majonezo
- 1 šaukštelis rūkyto pimentono

a) Norėdami pagaminti rūkytą pimentoną ir česnakinį majonezą, česnako skilteles sudėkite ant pjaustymo lentos, pabarstykite dideliu žiupsneliu druskos ir plokščia didelio peilio ašmenų puse sutrinkite iki vientisos masės. Įmaišykite į majonezą kartu su rūkytu pimentonu.

b) Supjaustykite kalmarų maišelius į plonus žiedus ir padalinkite čiuptuvus į poras. Žiedus ir čiuptuvus paskleiskite ant padėklo ir lengvai pagardinkite druska bei pipirais.

c) Supilkite alyvuogių aliejų į didelę gilią keptuvę iki 1 cm ($\frac{1}{2}$ colio) gylio ir įkaitinkite iki 190 °C/375 °F ant vidutinės-stiprios ugnies. Suberkite kalmarus į harina de trigo, manų kruopas arba miltus, nukoškite perteklių ir palikite 1-2 minutėms, kad miltai šiek tiek sudrėktų. Tai suteiks jai traškesnę apdailą.

d) Negiliai pakepinkite kalmarus mažomis partijomis 1 minutę, kol taps traškūs ir švelniai auksiniai. Trumpam nusausinkite ant virtuvinio popieriaus, perkelkite į pašildytą serviravimo indą. Patiekite karštą, su rūkytu pimentonu ir česnakiniu majonezu bei citrinos skiltelėmis.

## 50. Aštuonkojų salotos su prieskoniais su petražolėmis

- 1 aštuonkojis, išvalytas
- 50 ml (2fl uncijos) aukščiausios kokybės pirmojo spaudimo alyvuogių aliejaus
- 7,5 cm (3 colių) cinamono lazdelės gabaliukas
- 4 gvazdikėliai
- 6 kvapiųjų pipirų uogos
- 1 šaukštelis juodųjų pipirų
- ¾ šaukštelio šviežių citrinų sulčių
- 1 valgomasis šaukštas stambiai pjaustytų plokščialapių petražolių
- 2 šaukšteliai aukščiausios kokybės pirmojo spaudimo alyvuogių aliejaus

a) Aštuonkojį sudėkite į nedidelį troškintuvą su alyvuogių aliejumi, cinamonu, gvazdikėliais, kvapiųjų pipirų uogomis, pipirų žirneliais ir 1 arbatiniu šaukšteliu druskos. Uždenkite sandariu dangčiu ir kepkite 2 valandas arba kol suminkštės.

b) Išimkite troškintuvą iš orkaitės ir iškelkite aštuonkojį ant lėkštės. Kepimo sultis nukoškite į nedidelę keptuvę ir greitai virkite, kol sumažės maždaug per pusę ir bus tikrai gero skonio. Palikite atvėsti kartu su aštuonkoju.

c) Kai aštuonkojis atvės, nupjaukite čiuptuvus ir kiekvieną išilgai įstrižai supjaustykite maždaug 5 mm ($\frac{1}{4}$ colio) storio griežinėliais. Kūną supjaustykite panašaus dydžio gabalėliais.

d) Sudėkite aštuonkojį į dubenį ir įmaišykite 3 šaukštus sumažinto virimo skysčio, citrinos sulčių ir petražolių. Gerai išmaišykite, sudėkite į negilų serviravimo indą ir prieš pat patiekdami kambario temperatūroje apšlakstykite aukščiausios kokybės pirmojo spaudimo alyvuogių aliejumi.

# TUNAS

## 51. Rūkytas tunas su Ponzu padažu

- ½ puodelio sake
- 2/3 citrinos sultys (apie 2 šaukštai)
- 1 valgomasis šaukštas mažai natrio turinčio sojos padažo
- 1½ svaro sušio klasės tuno
- 1 arbatinis šaukštelis sezamo aliejaus
- ½ puodelio bambuko ūglių
- ½ puodelio šitake grybų, smulkiai pjaustytų (arba austrių ar mažylių)
- 3-4 česnako skiltelės, supjaustytos kubeliais
- 2 šaukštai smulkiai supjaustyto šviežio imbiero
- ½ puodelio Ponzu padažo

- Virti rudieji ryžiai
- Citrinos skiltelės

a) Paruoškite grilį dūmų kepimui.

b) Nerūdijančiame inde suplakite sake, citrinos sultis ir sojos padažą. Mišinyje tuną marinuoti 20–30 minučių šaldytuve.

c) Išimkite tuną, nusausinkite ir padėkite ant vėsios kepsninės pusės. Rūkykite apie 45 minutes uždengę dangtį. Tunas bus gana retas ir švelnus liesti.

d) Tuo tarpu didelėje keptuvėje arba wok ant vidutinės-stiprios ugnies įkaitinkite sezamo aliejų. Troškinkite bambuko ūglius, grybus, česnaką ir imbierą 1–2 minutes. Įpilkite Ponzu padažo, troškinkite 6–8 minutes, kol daržovės gerai pasidengs, ir išjunkite ugnį.

e) Tuną nukelkite nuo ugnies ir padalinkite į keturias dalis. Dėkite į šiltas lėkštes su rudaisiais ryžiais ir užpilkite padažu ant žuvies ir ryžių. Patiekite su citrinos griežinėliais.

## 52. Tuno kebabai

- ¼ puodelio citrinos sulčių
- 1 valgomasis šaukštas alyvuogių aliejaus
- 2 šaukštai džiovintų mairūnų
- 2 šaukštai džiovintų raudonėlių
- 2 šaukštai džiovintų čiobrelių
- ½ arbatinio šaukštelio jūros druskos
- 1 valgomasis šaukštas šviežiai maltų juodųjų pipirų
- 16 gabalėlių tuno filė, supjaustyta 1½ colio kubeliais, apie 1 svaras
- 24 1½ colio gabalėliai žaliosios paprikos (apie 2 dideli)
- 24 1½ colio gabalėliai raudonosios paprikos (apie 2 dideli)
- 24 1 colio gabalėliai raudonojo svogūno (apie 2 vidutiniai)
- 16 vyšninių pomidorų

- 6 mediniai iešmai (11½ colio ilgio), mirkomi 30 minučių šiltame vandenyje

a) Dideliame dubenyje sumaišykite citrinos sultis, aliejų, mairūną, raudonėlį, čiobrelius, druską ir pipirus. Sumaišykite žuvies gabaliukus, papriką, svogūną ir pomidorus, padenkite visus gabalėlius.

b) Ant kiekvieno iš keturių iešmelių pakaitomis uždėkite po vieną gabalėlį žuvies, vieną gabalėlį žaliosios paprikos, vieną gabalėlį raudonosios paprikos ir vieną gabalėlį svogūno, kol visi iešmeliai bus užpildyti. Ant dviejų atskirų iešmelių suverkite aštuonis vyšninius pomidorus. Atidėti.

c) Visus iešmelius, išskyrus su pomidorais, sudėkite ant aliejumi pateptų grotelių. Po 4–5 minučių apverskite ir sudėkite pomidorų iešmelius ant grotelių. Kepkite žuvies kebabus ant grotelių dar 4–5 minutes arba tol, kol žuvis taps tvirta, ir išimkite. Vidutinio reto tuno kepimo laiką sumažinkite per pusę. Po 5 minučių išimkite pomidorų kebabus.

d) Nusukite pomidorus nuo iešmelių

## 53. Tuno kepsniai ir kraujo apelsinai

- 4 tuno kepsniai, po 6-8 uncijas
- 1/3 puodelio mažai natrio turinčio sojos padažo
- 1 šviežio kraujo apelsino sultys (apie 4 šaukštai)
- ¼ puodelio smulkiai supjaustyto šviežio imbiero
- 2 šaukštai šviežių laimo sulčių
- 2 šaukštai gryno klevų sirupo
- Druska ir šviežiai malti juodieji pipirai
- 1 kraujo apelsino žievelė
- 8 kraujo apelsino griežinėliai (apie 2 maži apelsinai)

a) Dideliame dubenyje sumaišykite tuno kepsnius, sojos padažą, apelsinų sultis, imbierą, laimo sultis ir klevų sirupą. Išmaišykite, uždenkite ir šaldykite apie 30 minučių.

b) Įkaitinkite grilį.

c) Nuplėškite keturis aliuminio folijos gabalus, kurių kiekvienas yra 12 colių x 12 colių. Išimkite tuno kepsnius iš marinato ir padėkite po vieną kiekvieno folijos gabalėlio centre. Pagardinkite druska ir pipirais, kiekvieną uždenkite žievele ir dviem apelsino griežinėliais. Tvirtai suspauskite foliją.

d) Kepkite ant grotelių 4-5 minutes; apverskite ir kepkite ant grotelių 5 minutes ilgiau arba tol, kol tunas bus tvirtas liesti.

e) Išvyniokite kiekvieną folijos pakelį ir nedelsdami patiekite.

## 54. Ant grotelių kepti tuno mėsainiai

- 1½ svaro šviežio tuno
- 2 kiaušiniai, sumušti
- 4-6 maži kornišonai arba kornišonai
- Druska
- 1 arbatinis šaukštelis šviežiai maltų juodųjų pipirų
- 1 valgomasis šaukštas alyvuogių aliejaus
- ½ puodelio smulkiai supjaustyto saldaus baltojo svogūno
- 2 puodeliai šviežių kukurūzų
- ¼ puodelio sauso baltojo vyno
- 1 citrinos sultys (apie 3 šaukštai) ir tos citrinos žievelė (apie 1 valgomasis šaukštas)
- 1½ šaukšto smulkiai pjaustytų šviežių krapų
- Citrinų kukurūzų salsa

a) Sudėkite tuną ant aliejumi pateptų grotelių ir kepkite ant grotelių 3-4 minutes. Apverskite ir kepkite ant grotelių 3–4 minutes ilgiau arba tol, kol žuvis šiek tiek suminkštės. Išimkite ir atvėsinkite.

b) Atvėsusį tuną supjaustykite dideliame dubenyje, tada įmuškite kiaušinius, kornišonus, pagal skonį druskos, pipirų ir sutrinkite didele šakute. Atidėti.

c) Įkaitinkite aliejų dideliame puode ant vidutinės-stiprios ugnies. Sudėkite svogūną ir pakepinkite 2–3 minutes, kol suminkštės. Įpilkite kukurūzų, vyno, citrinos sulčių, krapų ir troškinkite 4–5 minutes. Nukelkite nuo ugnies.

d) Skystį ir žievelę kruopščiai įmaišykite į tuną. Iš mišinio suformuokite keturis paplotėlius. Padėkite pyragėlius ant aliejumi pateptos, skylėtos picos keptuvės arba į tinklelį virš grotelių. Kepkite pyragėlius 3–4 minutes; apverskite ir kepkite 3–4 minutes ilgiau arba kol sutvirtės.

e) Patiekite ant skrudintų mėsainių bandelių su citrinų kukurūzų salsa.

## 55. Tuno karpačio su mėtomis

Tarnauja 4

- 225g tuno nugarinės filė gabalas, šaldytas
- 1 prinokęs vynuoginis pomidoras
- 1 šaukštelis mažų kaparėlių, nusausintų ir nuplautų
- 4 mėtų lapeliai, labai smulkiai susmulkinti
- 4 plokščialapiai petražolių lapai, smulkiai susmulkinti
- garstyčių padažui
- 1 šaukštelis Dižono garstyčių
- 1 šaukštelis baltojo vyno acto
- 2 šaukštai aukščiausios kokybės pirmojo spaudimo alyvuogių aliejaus

a) Išimkite tuną iš šaldiklio, išvyniokite ir padėkite ant pjaustymo lentos. Supjaustykite tuną labai plonais griežinėliais, naudodami labai aštrų, ilgaašmenį peilį.

a) Išdėliokite keturias tuno riekeles vienu sluoksniu ant keturių šaltų lėkščių pagrindo, šiek tiek išspauskite griežinėlius, kad jie susiglaustų.

b) Garstyčių užpilui sumaišykite garstyčias ir actą mažame dubenyje, tada po 1 arbatinį šaukštelį įmaišykite aliejų, kad susidarytų tirštas, gerai emulsinis padažas. Suplakite kelis lašus šilto vandens, kad šiek tiek susilpnėtų, ir pagal skonį pagardinkite druska ir pipirais.

c) Naudodami arbatinį šaukštelį, zigzago būdu aptepkite tuną garstyčių padažu. Tada ant kiekvienos lėkštės išbarstykite kubeliais pjaustytų pomidorų, kaparėlių, susmulkintų mėtų ir petražolių. Pabarstykite jūros druskos dribsniais ir juodaisiais pipirais ir nedelsdami patiekite.

## 56. Marinuotas tunas su pasifloros vaisiais

Tarnauja 4

- 3 cm (1½ colio) storio tuno nugarinės filė gabalas,
- 2 maži, prinokę ir raukšlėti pasifloros vaisiai,
- 1 valgomasis šaukštas laimo sulčių
- 3 šaukštai saulėgrąžų aliejaus
- 1 vidutinio aštrumo žalia čili
- 1 šaukštelis smulkaus cukraus
- 1½ šaukštelio smulkiai pjaustytos kalendros

a) Tuno nugarinės filė gabalėlį sudėkite ant lentos ir supjaustykite skersai labai plonais griežinėliais. Sudėkite griežinėlius vienas šalia kito, bet suglauskite vienas kitą, ant keturių didelių lėkščių pagrindo. Kiekvieną uždenkite lipnia plėvele ir atvėsinkite mažiausiai 1 valandą arba kol būsite pasiruošę patiekti.

b) Prieš patiekiant, pasigaminkite marinavimo padažą. Pasifloros vaisius perpjaukite per pusę, o minkštimą susmulkinkite į sietelį, uždėtą ant dubens. Minkštimą pertrinkite per sietelį, kad išsiskirtų sultys, o sėklas išmeskite. Jums turėtų likti maždaug vienas šaukštas sulčių. Įmaišykite laimo sultis, saulėgrąžų aliejų, žaliąją čili, cukrų, kalendras, $\frac{1}{2}$ arbatinio šaukštelio druskos ir šiek tiek šviežiai maltų pipirų.

c) Norėdami patiekti, atidenkite lėkštes, užpilkite padažu ir šaukšto nugara paskleiskite ant žuvies paviršiaus. Prieš patiekdami palikite 10 minučių.

# AUSTRĖS

## 57. Austrės su Mignonette padažu

Tarnauja 2

- 12 austrių
- padažui mignonette
- 3 šaukštai geros kokybės baltojo vyno acto
- 1 šaukštelis saulėgrąžų aliejaus
- ¼ šaukštelio stambiai grūstų baltųjų pipirų
- 1 valgomasis šaukštas labai plonai pjaustytų laiškinių svogūnų viršūnėlių

a) Norėdami atidaryti austres, vieną ranką apvyniokite rankšluosčiu ir laikykite jame plokščiu lukštu aukščiau. Įstumkite austrių peilio smaigalį į vyrį, esantį siauriausioje vietoje, ir pasukite peilį pirmyn ir atgal, kol vyris nutrūks ir galėsite stumti peilį tarp dviejų kevalų. Pasukite peilio smaigalį į viršų, kad pakeltumėte viršutinį apvalkalą, perpjaukite raištį ir nuimkite apvalkalą. Atlaisvinkite austrių mėsą nuo apatinio lukšto ir išimkite, išimdami visas lukšto daleles.

b) Prieš patiekdami sumaišykite padažo ingredientus. Sudėkite austrių mėsą atgal į lukštus, ant kiekvienos šaukštu užpilkite padažo ir patiekite.

## 58. Austrių sriuba su imbieru

Tarnauja 4

- 12 Ramiojo vandenyno austrių
- 1,5 litro (2½ pintos) šalto geros kokybės vištienos sultinio
- 2 šaukšteliai tailandietiško žuvies padažo
- 1 šaukštelis šviesaus sojų padažo
- 1 vidutinio aštrumo žalioji aitrioji paprika, be sėklų ir stambiai pjaustyta
- 1 cm (½ colio) šviežio imbiero gabalėlis, supjaustytas griežinėliais
- 100 g (4oz) pigios baltos žuvies filė, smulkiai pjaustyta
- 50 g (2 uncijos) porų, plonais griežinėliais
- 1 kiaušinio baltymas
- keletas peletrūno lapelių, vyšnios ir jaunų plokščialapių petražolių papuošimui

a) Atidarykite austres ir išpilkite sultis į dubenį. Išmeskite austrių mėsą iš lukštų ir laikykite atšaldytą, kol prireiks.

b) Į didelę keptuvę sudėkite austrių sultis, šaltą vištienos sultinį, tailandietišką žuvies padažą, sojų padažą, žalią čili, imbierą, smulkintą žuvį, porus, kiaušinio baltymą ir 1 arbatinį šaukštelį druskos. Uždėkite ant vidutinės ugnies ir lėtai užvirkite, retkarčiais pamaišydami. Leiskite sultiniui stipriai virti 5–10 sekundžių, tada sumažinkite ugnį ir palikite netrukdomai virti 30 minučių.

c) Pertrinkite sriubą į švarią keptuvę per smulkų sietelį, išklotą dvigubo storio muslinu. Austrių mėsą supjaustykite išilgai į 2 arba 3 griežinėlius, priklausomai nuo jų dydžio. Vėl užvirinkite sriubą, sudėkite austrių griežinėlius ir palikite vos 5 sekundes švelniai virti. Tada supilkite sriubą į pašildytus dubenėlius ir kiekvieną gausiai pabarstykite žolelių lapeliais. Patiekite iš karto.

## 59. Austrių troškinys

- 4 šaukštai (½ lazdelės) sviesto, supjaustyto mažais gabalėliais
- ½ citrinos sultys (apie 1½ šaukšto)
- Nuo 12 iki 24 austrių ant pusės lukšto
- 2 puodeliai nenugriebto pieno
- 1 puodelis riebios grietinėlės
- 1 puodelis žuvies sultinio
- 2 šaukštai paprikos
- ½ arbatinio šaukštelio kajeno pipirų

a) Įkaitinkite grilį.

b) Į kiekvieną austrės lukštą įdėkite sviesto ir citrinos šlakelį. Padėkite ant grotelių ir uždarykite dangtį. Kepkite 5–6 minutes arba tol, kol sviestas ištirps. Išjunkite ugnį ir palikite dangtį uždarytą.

c) Tuo tarpu pieną, grietinėlę, sultinį, papriką ir kajeną, jei naudojate, užvirinkite 4 litrų puode ant vidutinės ir stiprios ugnies. Nedelsdami sumažinkite ugnį iki minimumo ir troškinkite 10 minučių. Įsitikinkite, kad pienas nesudegs.

d) Nuimkite austres nuo grotelių ir švelniai supilkite jas bei jų sultis į puodą. Maišykite 1 minutę, supilkite į dubenėlius ir patiekite karštą.

## 60. Austrės su šampanu Sabayon

Tarnauja 2

- 8 austrės
- už šampano sabajoną
- 200 ml (7fl oz) šampano
- žiupsnelis smulkaus cukraus
- 3 kiaušinių tryniai
- 75 g (3 uncijos) skaidraus sviesto, pašildyto
- šiek tiek kajeno pipirų

a) Įkaitinkite grilį iki aukšto lygio. Atidarykite austres ir išpilkite iš kiekvienos jų sultis. Padėkite juos, vis dar pusiau lukštus, ant didelės kepimo skardos, uždenkite maistine plėvele ir padėkite į vieną pusę.

b) Į nedidelę keptuvę supilkite šampaną ir cukrų, užvirinkite ir greitai virkite, kol sumažės iki 4 šaukštų. Supilkite į didelį karščiui atsparų dubenį ir palikite atvėsti. Įpilkite kiaušinių trynius, padėkite dubenį ant puodo su vos verdančiu vandeniu ir intensyviai plakite, kol masė labai padidės, bus tiršta, šviesi ir putojanti, o užliejus paviršių paliks pėdsakus.

c) Nukelkite dubenį nuo ugnies ir labai lėtai įmaišykite šiltą skaidrų sviestą. Pagal skonį pagardinkite trupučiu druskos.

d) Ant kiekvienos austrės uždėkite po 1 valgomąjį šaukštą šampano sabajono ir kiekvieną austrę labai lengvai pabarstykite žiupsneliu kajeno pipirų. Padėkite po grotelėmis apie 30 sekundžių, kol lengvai apskrus, o tada austres padalinkite į dvi lėkštes ir nedelsdami patiekite.

e) Norėdami pagaminti skaidrų sviestą, įdėkite sviestą į nedidelę keptuvę ir palikite ant labai mažos ugnies, kol ištirps.

# OMARAI, ŠUKŠTYNĖS IR KRABAI

## 61. Omarų-pomidorų biskas

- 1 valgomasis šaukštas alyvuogių aliejaus
- 4-6 česnako skiltelės, smulkiai pjaustytos
- 1 saliero stiebas, smulkiai pjaustytas
- 1 mažas saldus baltas svogūnas, smulkiai pjaustytas
- 1 vidutinio dydžio pomidoras, supjaustytas kubeliais
- $1\frac{1}{2}$-$1\frac{3}{4}$ svaro omaras
- 2 puodeliai nenugriebto pieno
- 1 puodelis pomidorų padažo
- $\frac{1}{2}$ puodelio riebios grietinėlės

- ½ puodelio žuvies sultinio
- 4 šaukštai (½ lazdelės) nesūdyto sviesto
- 2 šaukštai smulkiai pjaustytų šviežių petražolių
- 1 arbatinis šaukštelis šviežiai maltų juodųjų pipirų

a) Įkaitinkite aliejų dideliame puode ant vidutinės-stiprios ugnies. Sudėkite česnaką, salierą ir svogūną ir maišydami kepkite 8–10 minučių. Sudėkite pomidorus.

b) Padėkite omarą ant nugaros ant pjaustymo lentos. Padarykite pjūvį uodegos centre beveik iki galo, neperpjaudami kiauto; padalino uodegą.

c) Savorą kepkite ant grotelių 15–18 minučių kevale žemyn, uždarę dangtį. Perkelkite omarą iš grotelių atgal į pjaustymo lentą ir išimkite mėsą ir tomalley. Išmeskite lukštą ir atidėkite mėsą.

d) Pieną, pomidorų padažą, grietinėlę, sultinį ir sviestą užvirinkite puode su daržovėmis. Sumažinkite ugnį iki minimumo. Troškinkite 10 minučių, dažnai maišydami.

e) Įpilkite omaro mėsos ir tomalley bei petražolių ir pipirų. Uždenkite ir troškinkite ant kuo mažesnės ugnies 4–5 minutes.

## 62. Krabų ir kukurūzų sriuba

Tarnauja 4

- 1,2 litro vištienos sultinio
- 2 šviežių kukurūzų burbuolių
- 225 g (8 uncijos) šviežios baltos krabų mėsos
- 5 šaukšteliai kukurūzų miltų
- 1 šaukštelis labai smulkiai supjaustyto šviežio imbiero šaknies
- 2 svogūnai, supjaustyti 2½ cm (1 colio) gabalėliais ir smulkiai susmulkinti išilgai
- 1 valgomasis šaukštas šviesaus sojų padažo
- 1 valgomasis šaukštas kiniško ryžių vyno arba sauso šerio
- 1 kiaušinio baltymas, lengvai išplaktas

a) Keptuvėje užvirinkite vištienos sultinį. Tuo tarpu padėkite kukurūzų burbuoles ant lentos ir dideliu aštriu peiliu nupjaukite branduolius. Į sultinį suberkite kukurūzus ir troškinkite 5 minutes.

b) Patikrinkite, ar krabų mėsoje nėra mažų lukštų gabalėlių, o mėsą laikykite kuo didesnius gabalėlius. Kukurūzų miltus sumaišykite su trupučiu šalto vandens iki vientisos masės, įmaišykite į sriubą ir troškinkite 2 minutes.

c) Įmaišykite krabų mėsą, imbierą, svogūnus, sojų padažą, ryžių vyną arba cheresą, 1 arbatinį šaukštelį druskos ir šiek tiek pipirų pagal skonį. Troškinkite 1 minutę.

d) Dabar gerai išmaišykite sriubą, išimkite šaukštą ir lėtai įlašinkite išplaktą baltymą, kad srioboje susidarytų ilgos plonos sruogos. Troškinkite apie 30 sekundžių ir nedelsdami patiekite.

## 63. Krabas su raketa

Tarnauja 4

- 350 g (12 uncijų) šviežios baltos krabų mėsos
- 2 šaukšteliai šviežių citrinų sulčių
- 4 arbatiniai šaukšteliai aukščiausios kokybės pirmojo spaudimo alyvuogių aliejaus, geriausia citrinų alyvuogių aliejaus, ir papildomai lašinimui
- 8 baziliko lapeliai, smulkiai susmulkinti
- sauja laukinių raketų lapų
- jūros druskos ir maltų juodųjų pipirų papuošimui

a) Įdėkite krabų mėsą į dubenį ir švelniai įmaišykite citrinos sultis, alyvuogių aliejų, bazilikus ir šiek tiek prieskonių pagal skonį.

b) Padarykite nedidelę aukštą krabų mišinio krūvą keturiose lėkštėse, padėdami jas šiek tiek nuo centro. Šalia padėkite nedidelę krūvą raketų lapų.

c) Dar šiek tiek alyvuogių aliejaus apšlakstykite raketą ir aplink išorinius lėkščių kraštus.

d) Aliejų pabarstykite trupučiu jūros druskos bei maltų juodųjų pipirų ir patiekite.

## 64. Krabų vorų sriuba su pankoliu

Tarnauja 4-6

- 1 virta voro arba rudojo krabo mėsa
- 1 poro
- 1 galva pankolio
- 1,2 litro (2 pintos) daržovių sultinio
- 2 pomidorai (apie 175g/6oz)
- 4 šaukštai alyvuogių aliejaus
- mažas žiupsnelis susmulkintų džiovintų aitriųjų paprikų
- žiupsnelio pankolio sėklų, lengvai sutrintų
- 1 nulupta apelsino žievelės juostelė
- ½ šaukštelio pomidorų tyrės
- 4 česnako skiltelės, supjaustytos

- 50 ml pastis, pvz., Pernod arba Ricard
- ½ apelsino sultys
- žiupsnelis šafrano sruogų

a) Norėdami paruošti sultinį, į didelę keptuvę sudėkite krabo lukšto gabalėlius, porų ir pankolio nuopjovas, šaukštą rudos mėsos ir daržovių sultinį. Užvirinkite 30 minučių.

b) Keptuvėje pašildykite alyvuogių aliejų, suberkite džiovintą čili, pankolio sėklas, apelsino žievelę, pomidorų tyrę, česnaką, porą ir pankolį ir švelniai kepkite 5 minutes, neleisdami nuspalvinti. Šiek tiek padidinkite ugnį, sudėkite pastis ir uždekite degtuku, kad nudegtų alkoholis.

c) Supilkite sultinį per smulkų sietelį, supilkite apelsinų sultis ir šafraną ir troškinkite 10 minučių. Dabar sudėkite krabų mėsą ir pomidorą ir pagal skonį pagardinkite druska ir pipirais.

d) Supilkite į pašildytas sriubos lėkštes ir nedelsdami patiekite.

## 65. Kariuotas krabas su salotomis

Tarnauja 4

- 3-4 vidutinio dydžio vynmedžiais prinokę pomidorai
- 5 šaukštai majonezo
- ½ šaukštelio švelnaus kario miltelių
- ½ šaukštelio šviežių citrinų sulčių
- 2 brūkšniai Tabasco padažo
- 500 g (1 svaras) šviežios baltos krabų mėsos
- 50 g (2 uncijos) avienos salotų, nupjautos šaknys
- 2 šaukšteliai aukščiausios kokybės pirmojo spaudimo alyvuogių aliejaus
- šviežia viso milto duona, patiekti

a) Sudėkite majonezą į dubenį ir įmaišykite kario miltelius, citrinos sultis ir Tabasco padažą. Šį mišinį lengvai perpilkite per krabų mėsą ir pagal skonį pagardinkite trupučiu druskos.

b) Į keturių mažų lėkščių vidurį uždėkite kelias pomidoro skilteles ir lengvai pagardinkite druska. Ant viršaus uždėkite šiek tiek krabų majonezo. Avienos salotas įmaišykite su alyvuogių aliejumi ir nedideliu žiupsneliu druskos ir suberkite šalia. Patiekite su visa rupia duona.

c) Norėdami pagaminti 300 ml majonezo, į dubenį sumaišykite 2 kiaušinių trynius su 2 arbatiniais šaukšteliais baltojo vyno acto ir ½ arbatinio šaukštelio druskos. Padėkite dubenį ant audinio, kad jis neslystų, tada lengvai išplakite, kad sulaužytų kiaušinių trynius. Vieliniu šluotele plakite 300 ml alyvuogių arba saulėgrąžų aliejaus, po kelis lašus įlašinkite aliejaus, kol viską sumaišysite. Arba į virtuvinį kombainą įmuškite visą kiaušinį, actą ir druską. Įjunkite mašiną ir lėtai įpilkite aliejaus, kol susidarys tiršta emulsija.

## 66. Deli krabų sumuštinis

Padaro 6

- 12 plonų rupios duonos riekelių
- 75 g (3 uncijos) sviesto, suminkštinto
- 5 šaukštai majonezo
- 1 šaukštelis šviežių citrinų sulčių
- ½-1 raudonojo aitriosios paprikos, priklausomai nuo karščio, be sėklų ir smulkiai pjaustytų
- 500 g (1 svaras) šviežios baltos krabų mėsos
- 2 šaukštai šviežiai kapotų plokščialapių petražolių
- 50g (2oz) raketa

a) Duonos riekeles ištepkite sviestu ir padėkite į vieną pusę.

b) Į nedidelį dubenį sudėkite majonezą ir įmaišykite citrinos sultis bei čili. Krabų mėsą ir petražoles sudėkite į kitą dubenį ir lengvai išmaišykite per majonezo mišinį. Pagal skonį pagardinkite trupučiu druskos.

c) Ant lentos sudėkite šešias duonos riekeles sviestu pateptomis pusėmis į viršų ir šaukštu uždėkite krabų mišinį. Uždenkite gausiu raketų lapų sluoksniu ir ant viršaus uždėkite likusias duonos riekeles. Kiekvieną sumuštinį perpjaukite įstrižai pusiau arba ketvirčiais ir iškart patiekite.

## 67. Keptos šukutės, braziliško stiliaus

Išeiga: 4 porcijos

Ingredientas

- 1 svaras Šviežios lauro šukutės
- 8 šaukštai sviesto
- 1 puodelis Miltų
- 1 arbatinis šaukštelis česnako; smulkiai supjaustyta
- 3 šaukštų petražolių; smulkiai supjaustyta
- ¼ arbatinio šaukštelio druskos
- Šviežiai malti juodieji pipirai
- ½ šviežios citrinos

a) Greitai nuplaukite šukutės šaltame vandenyje. Vienu sluoksniu paskleiskite ant skardos, uždenkite lininiu ar popieriniu rankšluosčiu. Uždenkite kitu rankšluosčiu ir kelioms valandoms šaldykite, kad nuvarvėtų. Ant silpnos ugnies ištirpinkite sviestą. Į didelį dubenį suberkite miltus ir įmeskite į jį šukutes. Švelniai išmeskite šukutes, kol jos iš visų pusių pasidengs miltais. Pasukite į sietelį, kad pašalintumėte miltų perteklių.

b) Įdėkite šukutes į sviestą ir, stumdydami keptuvę pirmyn ir atgal, jas kepkite 3–4 minutes, kol jos sutvirtės, bet ne rudos. Neperkepkite šukučių. Į keptuvę sudėkite česnaką ir petražoles ir kepkite 30 sekundžių ilgiau. Prieš patiekdami išspauskite citrinos sultis ir pagal skonį įberkite druskos ir pipirų.

# ŽUVYS

## 68. Braziliška dešra įdaryta uhu

Išeiga: 12 porcijų

Ingredientas

- 5 svarai Uhu (papūga žuvis)
- 1 pakelis karštos braziliškos dešros; supjaustyti
- Žaliųjų svogūnų baltymai; supjaustyti išilgai
- 3 skiltelės česnako; malta
- 2 arbatinių šaukštelių imbiero; tarkuotų
- Druska ir pipirai pagal skonį

a) Įkaitinkite orkaitę iki 450 laipsnių. Drugelinė žuvis iš nugaros ir kaulo.

b) Valykite žuvį kaip įprasta; kruopščiai nuplaukite ir nusausinkite. Druska ir pipirai žuviai pagal skonį. Sumaišykite braziliškos dešros griežinėlius, svogūnų baltymus, česnaką ir imbierą.

c) Įkiškite į žuvies ertmę ir, naudodami adatą bei siūlą, siūkite, kad uždarytumėte

d) Uždėkite vieną lapą ant žuvies pusės blizgia puse į viršų ir suvyniokite į skardinę foliją. Dėti į kepimo skardą ir kepti 1 valandą 15 minučių.

## 69. Kepta braziliško liežuvio filė

Išeiga: 1 porcija

Ingredientas

- 8 jūrų liežuvic filė
- 1½ šaukšto citrinos sulčių
- 2 šaukštai Sviesto
- ¼ puodelio sauso šerio
- 1 arbatinis šaukštelis Sojos padažas
- 2 šakelės maltų petražolių
- 1 Kiaušinio trynys

a) Išdėliokite filė keptuvėje; apšlakstykite dalimi citrinos sulčių ir taškeliu sviesto.

b) Kepkite, kol žuvis pradės ruduoti; pašalinti.

c) Sumaišykite likusias citrinos sultis, cheresą, sojų padažą ir petražoles bei kiaušinio trynį: gerai išmaišykite. Šaukštu ant iš dalies išvirtos žuvies; grąžinkite į broilerį, kol padažas pradės burbuliuoti.

d) Patiekite iš karto.

## 70. Žuvies atsargos

- 2 šaukštai augalinio aliejaus
- 2 vidutinės morkos, smulkiai pjaustytos
- 2 saliero stiebai, smulkiai pjaustyti
- 1 didelis ispaniškas svogūnas, smulkiai pjaustytas
- 1 svaras grybų, plonais griežinėliais
- 4-6 česnako skiltelės, susmulkintos
- 3-5 svarų žuvų rėmai ir galvos
- 1 puodelis šviežių petražolių
- 6 lauro lapai
- $\frac{1}{4}$ puodelio juodųjų pipirų
- 5-6 šakelės čiobrelių
- 4-5 raudonėlio šakelės
- 4 litrai vandens

- 1 puodelis sauso baltojo vyno

a) Įkaitinkite aliejų puode ant vidutinės-stiprios ugnies. Sudėkite morkas, salierą, svogūną, grybus ir česnaką. Virkite maišydami 8–10 minučių.

b) Tuo tarpu žuvies dalis suberkite ant vieno marlės gabalo ir suriškite virvele. Ant kito marlės gabalo uždėkite petražoles, lauro lapus, pipirų žirnelius, čiobrelius ir raudonėlį. Surišti virvele.

c) Į puodą įpilkite vandens, vyno ir marlės pakelių. Užvirinkite, sumažinkite ugnį iki vidutinės ir troškinkite ant silpnos ugnies neuždengę 45 minutes.

d) Išimkite marlės pakuotes iš skysčio, išdžiovinkite ir išmeskite. Likusį skystį perkoškite per kiaurasamtį ir leiskite atvėsti apie 45 minutes.

## 71. Klasikinė žuvies sriuba su Rouille

- Rouille
- 900 g (2 svarai) žuvies mišinio
- 85 ml (3fl uncijos) alyvuogių aliejaus
- 75 g (3 uncijos) kiekvieno svogūno, saliero, poro ir pankolio
- 3 česnako skiltelės, supjaustytos
- ½ apelsino sulčių ir apelsino žievelės
- 200 g (7 uncijos) konservuotų kapotų pomidorų
- 1 nedidelė raudonoji paprika, išskobta ir supjaustyta griežinėliais
- 1 lauro lapas
- čiobrelio šakelė
- žiupsnelis šafrano sruogų

- 100 g (4 uncijos) neluptų, virtų krevečių
- žiupsnelis kajeno pipirų
- 1,2 litro (2 pintos) geros kokybės žuvies sultinio
- 25 g (1 uncijos) parmezano, smulkiai tarkuoto, patiekti

  a) Didelėje keptuvėje įkaitinkite alyvuogių aliejų, suberkite daržoves ir česnaką ir švelniai pakepinkite 20 minučių arba kol suminkštės, bet nenuspalvins. Sudėkite apelsino žievelę, pomidorus, raudonąją papriką, lauro lapą, čiobrelius, šafraną, krevetes, kajeno pipirus ir žuvies filė. Supilkite žuvies sultinį ir apelsinų sultis, užvirinkite ir virkite 40 minučių.

  b) Sriubą suskystinkite ir per sietelį pertrinkite į švarią keptuvę, kaušelio nugarėlėmis išspauskite kuo daugiau skysčio. Grąžinkite sriubą ant ugnies ir pagal skonį pagardinkite kajenu, druska ir pipirais.

  c) Supilkite sriubą į pašildytą pyragą ir į atskirus indus sudėkite skrebučius, parmezano sūrį ir ruginį.

  d) Norėdami pagaminti skrebučius, plonais griežinėliais supjaustykite 1 batoną, tada apkepkite riekeles alyvuogių aliejuje, kol taps traškūs ir auksiniai. Nusausinkite ant virtuvinio popieriaus ir po vieną česnako skiltele įtrinkite kiekvieno gabalėlio pusę.

## 72. Kardžuvė su brazilišku padažu

Išeiga: 4 porcijos

Ingredientas

- 2 svarų kardžuvės kepsniai
- 1 valgomasis šaukštas įlankos
- 1 valgomasis šaukštas alyvuogių aliejaus
- Braziliškas padažas
- ¼ puodelio pjaustytų žaliųjų svogūnų; garnyrui

a) Abi kardžuvės kepsnio puses apibarstykite Bayou Blast ir įtrinkite rankomis.

b) Didelėje keptuvėje ant stiprios ugnies įkaitinkite aliejų. Įdėkite kardžuvę ir kepkite iki vidutinio reimo, maždaug 3 minutes iš kiekvienos pusės.

c) Patiekdami išdėliokite kardžuvę ant pašildytų vakarienės lėkščių, užpilkite braziliško padažu ir pabarstykite žaliais svogūnais.

## 73. Į Collard Greens įvyniotas šamas

- 8 blanširuoti apykaklės lapai
- 1 pomidoras, supjaustytas kubeliais
- 1 puodelis iš sėklų ir supjaustytų kalamata alyvuogių
- 6 svogūnai, smulkiai pjaustyti
- 4-6 česnako skiltelės, susmulkintos
- 1 valgomasis šaukštas alyvuogių aliejaus
- Druska ir šviežiai malti juodieji pipirai
- 4 šamo file, po 8 uncijas
- Citrinos skiltelės papuošimui
- Virti rudieji ryžiai

a) Įkaitinkite grilį.
b) Padėkite keturis apykaklės lapus ant darbinio paviršiaus. Ant kiekvieno lapelio pabarstykite pusę pomidoro, alyvuogių, laiškinių svogūnų, česnako ir aliejaus bei pagal skonį druskos ir pipirų.
c) Ant kiekvieno lapo uždėkite po vieną filė; Viską pabarstykite likusiais ingredientais (įskaitant daugiau druskos ir pipirų, jei norite).
d) Kiekvieną rinkinį užpilkite likusiais keturiais žalumynais ir sandariai pritvirtinkite dantų krapštukais.
e) Sudėkite į aliejumi pateptą perforuotą picos formą, padėkite keptuvę ant grotelių ir nuleiskite dangtį. Kepkite ant grotelių 6-7 minutes. Švelniai apverskite mentele ir kepkite ant grotelių 4-5 minutes ilgiau, kol šiek tiek apskrus.
f) Įdėkite po vieną kišenę ant kiekvienos iš keturių plokštelių. Prieš papuošdami citrinos skiltelėmis, išimkite dantų krapštukus. Patiekite su rudaisiais ryžiais.

## 74. Saulėžuvė Dižonas

- ¼ puodelio majonezo
- 2 šaukštai aštrių geltonųjų garstyčių
- ½ citrinos sultys (apie 1½ šaukšto)
- ¼ puodelio kukurūzų miltų
- 1 arbatinis šaukštelis smulkiai supjaustyto šviežio peletrūno
- 1 valgomasis šaukštas maltų juodųjų pipirų
- 2–3 svarai saulėžuvės filė

a) Įkaitinkite grilį.

b) Dideliame dubenyje sumaišykite majonezą, garstyčias, citrinos sultis, kukurūzų miltus, estragoną ir pipirų grūdelius.

c) Panardinkite filė į mišinį, kol jos gerai pasidengs.

d) Sudėkite filė ant grotelių ir, jei įmanoma, sumažinkite ugnį iki vidutinės. Uždarykite dangtį ir virkite 6–8 minutes. Apverskite ir virkite 4–5 minutes ilgiau, kol kukurūzų miltai šiek tiek sudegs. Patiekite iš karto.

## 75. Ant grotelių keptas drugelis upėtakis

- 3 šaukštai žemės riešutų aliejaus
- 1 puodelis plonais griežinėliais pjaustyto šitake
- 6-8 česnako skiltelės, smulkiai pjaustytos
- 1-2 serrano čiliukai, išsėti, nusėti
- 1 puodelis susmulkintų baltųjų kopūstų
- 1 nedidelė morka, nulupta ir nulupta
- ½ puodelio žuvies arba vištienos sultinio
- ¼ puodelio mažai natrio turinčio sojos padažo
- 1 citrinos sultys (apie 3 šaukštai)
- 1 drugelis upėtakis (2 svarai)
- 1 arbatinis šaukštelis šviežio raudonėlio
- 1 arbatinis šaukštelis druskos
- 1 arbatinis šaukštelis šviežiai maltų juodųjų pipirų
- Virti balti ryžiai

a) Didelėje keptuvėje arba wok ant vidutinės-stiprios ugnies įkaitinkite 2 šaukštus aliejaus. Maišydami pakepinkite grybus, česnaką ir čili 3-4 minutes; suberkite kopūstus ir morkas ir maišydami pakepinkite 4-5 minutes ilgiau, kol daržovės gerai įkais.

b) Supilkite sultinį ir sumažinkite trečdaliu, maždaug 5 minutes. Įpilkite sojos padažo, išmaišykite ir sumažinkite ugnį iki minimumo, kad išliktų šilta.

c) Likusį 1 šaukštą aliejaus ir citrinos sulčių apšlakstykite ant drugelių žuvies ir pagardinkite raudonėliais bei druska ir pipirais.

d) Pagardintą žuvį pritvirtinkite vielinio tinklelio krepšyje. Padėkite krepšelį ant grotelių ir kepkite 4-5 minutes; apverskite ir kepkite 5 minutes ilgiau arba tol, kol mėsa taps nepermatoma.

e) Išimkite žuvį iš krepšio; Padalinkite ją į dvi porcijas ir ant viršaus užpilkite šildančio padažo. Patiekite iš karto su baltais ryžiais.

## 76. Plieninis upėtakis raudonojo vyno padaže

- 2 šaukštai alyvuogių aliejaus
- 1 mažas saliero stiebas, smulkiai pjaustytas
- 1 mažas poras, tik balta dalis
- 1 maža žalia paprika, be sėklų
- ½ svaro grybų
- 1 puodelis Beaujolais ar kito sotaus raudonojo vyno
- 6 šaukštai šviežių raudonėlių, smulkiai pjaustytų
- 1 arbatinis šaukštelis pomidorų pastos
- 1 visas plieninis upėtakis
- 1 puodelis riebios grietinėlės
- 1 arbatinis šaukštelis druskos ir pipirų

a) Įkaitinkite aliejų keptuvėje arba didelėje keptuvėje ant vidutinės ir stiprios ugnies, tada suberkite salierą, porą, papriką ir grybus. Išmaišykite ir troškinkite apie 15 minučių.

b) Įpilkite vyno, 2 šaukštus raudonėlio, 2 šaukštus čiobrelių ir pomidorų pastos. Sumažinkite per pusę, 10-12 minučių. Nukelkite nuo ugnies, uždenkite ir atidėkite.

c) Šepetėliu arba kepimo purkštuvu upėtakį tolygiai patepkite aliejumi ir padėkite ant aliejumi pateptų grotelių. Uždarykite dangtį ir kepkite 8-10 minučių iš kiekvienos pusės.

d) Tuo tarpu raudonojo vyno padažą grąžinkite į degiklį ant vidutinės ugnies. Įpilkite grietinėlės ir dažnai maišykite, kad nesudegtų. Maždaug trečdaliu sumažinkite skysčio kiekį; tai turėtų užtrukti apie 15 minučių.

e) Perkelkite žuvį į raudonojo vyno padažo keptuvę ir padažu aptepkite upėtakius. Uždenkite ir troškinkite ant mažos ugnies apie 5 minutes, kol visiškai įkais. Ant viršaus pabarstykite likusį raudonėlį ir čiobrelius, druską ir pipirus ir perkelkite į lėkštę.

f) Išimkite žuvį iš kaulų ir padalinkite į lėkštes. Patiekite su citrinos griežinėliais.

## 77. Rūkytas upėtakis su garstyčių padažu

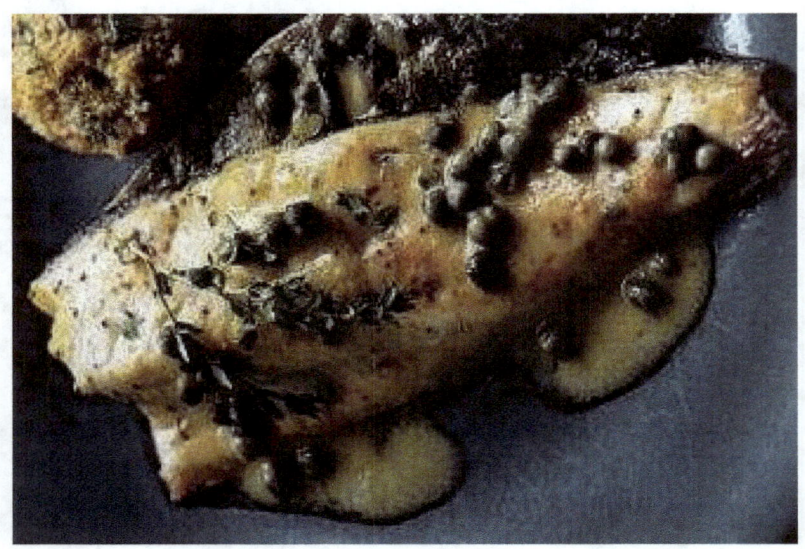

- 1–2 svarai eženinio upėtakio filė
- 1 valgomasis šaukštas alyvuogių aliejaus
- 1 vidutinio dydžio svogūnas, stambiai pjaustytas
- ½ mažo pomidoro, supjaustyto kubeliais
- ½ puodelio Gaeta arba kalamata alyvuogių, be kauliukų ir perpjautų per pusę
- ½ puodelio sauso baltojo vyno
- ¼ puodelio šviežių čiobrelių, smulkiai pjaustytų
- 2 šaukštai Dižono garstyčių
- 1 arbatinis šaukštelis šviežio raudonėlio, smulkiai supjaustyto

- 1 arbatinis šaukštelis šviežiai maltų juodųjų pipirų
- Citrinos skiltelės

a) Paruoškite grilį dūmų kepimui.

b) Padėkite filė ant vėsios rūkyklos pusės. Uždarykite dangtį ir rūkykite apie 45 minutes. Pasukite ir toliau rūkote 45 minutes ilgiau arba tol, kol minkštimas bus tvirtas liesti.

c) Išjunkite ugnį, padėkite filė ant viršutinės kaitinimo lentynos grilyje ir uždarykite dangtį.

d) Norėdami paruošti padažą, aliejuje pakepinkite svogūną, pomidorą ir alyvuoges dideliame, neuždengtame puode ant vidutinės ugnies 4–5 minutes. Išmaišykite.

e) Lėtai supilkite vyną, čiobrelius, garstyčias, raudonėlį ir pipirus. Išmaišykite ir troškinkite neuždengę 4–5 minutes arba tol, kol sumažės per pusę.

f) Upėtakį padalinkite į keturias dalis; dėti į šiltas lėkštes ir šaukštu padažo ant šono. Patiekite su citrinos griežinėliais.

## 78. Ant grotelių keptas ešeris su kraujo apelsinu

- 2 svarai ešerių filė (nuo 4 iki 8 filė, priklausomai nuo dydžio)
- ½ apelsino sultys (apie 4 šaukštai)
- 1 valgomasis šaukštas gryno klevų sirupo
- ½ arbatinio šaukštelio jūros druskos
- Susmulkinti laiškiniai svogūnai papuošimui
- Kraujo apelsinų salotos
- Virtos bulguro arba perlinės kruopos

a) Indelyje sumaišykite filė, apelsinų sultis, klevų sirupą ir druską. Uždenkite ir šaldykite 30 minučių.

b) Įkaitinkite grilį.

c) Išimkite filė iš indo, nusausinkite ir padėkite ant aliejumi pateptų grotelių. Virkite 3-4 minutes. Apverskite ir kepkite 4 minutes ilgiau arba tol, kol filė bus tvirta liesti.

d) Papuoškite laiškiniais svogūnais. Patiekite iš karto su Blood Orange salotomis ir bulguru.

## 79. Ant grotelių keptas Walleye su vynuogėmis

- Nuo 1,5 iki 2 svarų sienelių filė
- 2½ puodelio gauruotų karčių
- ½ puodelio šaldytų baltųjų vynuogių sulčių
- ½ puodelio apelsinų skonio likerio
- 4 šaukštai nesūdyto sviesto
- 1 puodelis vynuogių, perpjautų per pusę
- 2 šaukštai šviežiai maltų juodųjų pipirų
- 1 apelsino žievelė

a) Sutepkite aliejumi groteles ir filė odelę. Kepkite filė 4–5 minutes. Apverskite ir kepkite 3–4 minutes ilgiau arba tol, kol minkštimas taps tvirtas. Perkelkite į šildomą lentyną ir laikykite šiltai.

b) Tuo tarpu padažui pagaminti grybus pakepinkite svieste nereaguojančiame puode, kol grybai suminkštės. Įpilkite vynuogių sulčių ir likerio. Padidinkite ugnį iki vidutinės ir virkite 5–6 minutes arba tol, kol skysčio sumažės maždaug trečdaliu.

c) Įdėkite vynuoges ir pipirus bei pusę žievelės ir pakepinkite 1–2 minutes.

d) Padalinkite sierelę į keturias dalis. Supilkite padažą į keturias lėkštes ir ant viršaus išdėliokite filė.

e) Papuoškite likusia apelsino žievele ir nedelsdami patiekite.

## 80. Walleye Hash Browns

- 1 svaras riešo filė
- 2 vidutinės Yukon bulvės, nuluptos ir susmulkintos
- ½ puodelio smulkiai pjaustytų raudonųjų svogūnų
- ¼ puodelio riebios grietinėlės
- 2 šaukštai universalių miltų
- 2 šaukštai Dižono garstyčių
- 2 šaukštai tarkuoto parmezano
- 1 arbatinis šaukštelis rapsų aliejaus
- 4 šaukštai nesūdyto sviesto

a) Įkaitinkite grilį.

b) Kepkite filė ant grotelių 4–5 minutes iš kiekvienos pusės, kol ji bus tvirta ir nepermatoma. Leiskite atvėsti, tada sutarkuokite filė ir atidėkite į šalį.

c) Dideliame dubenyje švelniai sumaišykite filė su dribsniais, bulves, svogūną, grietinėlę, miltus, garstyčias ir parmezaną.

d) Ant pjaustymo lentos iš masės suformuokite didelį paplotėlį, atsargiai, kad nesuplyštumėte. Jis turėtų priminti per didelį blyną.

e) Didelėje keptuvėje ant vidutinės-stiprios ugnies įkaitinkite aliejų ir 2 šaukštus sviesto. Dviem mentelėmis atsargiai įdėkite pyragą į keptuvę. Troškinkite ant vidutinės ugnies iki rudos spalvos, apie 10 minučių.

f) Švelniai apverskite pyragą ir aptepkite likusiu sviestu. Troškinkite 10 minučių ilgiau arba tol, kol bulvės visiškai apskrus.

g) Supjaustykite į keturias dalis ir patiekite karštą.

## 81. Jūros velniai žemės riešutų marinate

- 1 skardinė (14 uncijų) nesaldinto kokosų pieno
- 3 šaukštai traškaus žemės riešutų sviesto
- 3 šaukštai tamsaus sojų padažo (rasta Azijos rinkose arba kai kurių prekybos centrų Azijos skyriuje)
- $1\frac{1}{2}$ svaro jūrų velnių nugarinės
- 1 arbatinis šaukštelis augalinio aliejaus
- 4-5 česnako skiltelės, smulkiai pjaustytos
- 2 šaukštai smulkiai supjaustyto šviežio imbiero
- $\frac{1}{2}$ puodelio obuolių sidro
- 4-6 dideli svogūnai, smulkiai pjaustyti

a) Nereaguojančiame inde sumaišykite kokosų pieną, žemės riešutų sviestą ir sojos padažą. Marinuokite nugarines mišinyje 1–2 valandas, uždengtas, šaldytuve.

b) Nugarines išimkite iš marinato, nusausinkite ir atidėkite. Išmeskite marinatą.

c) Įkaitinkite grilį.

d) Padėkite jūrų velnių nugarines ant aliejumi pateptų grotelių. Kepkite ant grotelių 6–8 minutes; apverskite ir kepkite ant grotelių 6–8 minutes ilgiau arba tol, kol nugarinė taps tvirta paspaudus pirštu.

e) Dideliame puode ant vidutinės ugnies įkaitinkite aliejų. Troškinkite česnaką ir imbierą 2–3 minutes arba kol suminkštės. Įpilkite sidro, maišykite 1 minutę, tada pabarstykite svogūnus. Išjunkite šilumą.

f) Nugarinę padalinkite į keturias dalis. Ant kiekvienos užpilkite šaukštu padažo ir nedelsdami patiekite.

## 82. Jūrų velnių ir persimonų kišenės

- 4 savojos kopūsto lapai, virti
- 1 arbatinis šaukštelis sezamo aliejaus
- 1 arbatinis šaukštelis sezamo sėklų
- 1 mažas jalapeño pipiras, smulkiai pjaustytas
- 1 vidutinis raudonasis svogūnas, supjaustytas į 16 griežinėlių
- 2 švieži persimonai, kiekvieną supjaustyti į 8 griežinėlius
- 1 svaras jūrų velnių nugarinės
- ½ arbatinio šaukštelio maltų juodųjų pipirų
- Žiupsnelis druskos

a) Kopūstų lapus išdėliokite plokščiai, aptepkite puse sezamo aliejaus ir pabarstykite pusę sezamo sėklų bei jalapeno.

b) Ant kiekvieno kopūsto gabalėlio padėkite po dvi skilteles svogūno ir dvi skilteles persimono taip, kad svogūnas atsiremtų į kopūsto lapą.

c) Ant svogūno ir persimono griežinėlių uždėkite vieną žuvies gabalėlį. Ant viršaus uždėkite likusius persimonus ir svogūną.

d) Aptepkite likusiu aliejumi ir viską pabarstykite likusiomis sezamo sėklomis ir jalapeño. Pagardinkite pipirų žirneliais ir druska.

e) Pertraukite kopūstų lapų šonus, kaip ir voką, ir sutvirtinkite dantų krapštuku. Ištraukite galus ir pritvirtinkite kitu dantų krapštuku.

f) Įdėkite kišenes ant grotelių, centre virš dūmų keptuvės. Virkite 10–12 minučių. Retkarčiais užgesinkite liepsną vandeniu.

g) Apverskite kišenes ir kepkite dar 10 minučių.

## 83. Hoisin-Grill Coho

- 1 citrinos žievelė ir ½ citrinos sultys
- ¼ puodelio mažai natrio turinčio sojos padažo
- 2 šaukštai maltų juodųjų pipirų
- 2 svarai coho filė
- ½ puodelio hoisin padažo
- Smulkintų česnakų papuošimui
- Smulkinti raudonieji pipirai papuošimui

a) Nedideliame dubenyje suplakite citrinos žievelę ir sultis, sojos padažą ir pipirų žirnelius.

b) Marinatu užpilkite filė ir padėkite į šaldytuvą 30 minučių.

c) Įkaitinkite grilį.

d) Išimkite filė iš marinato, nusausinkite ir nusausinkite. Teptuku ištepkite pusę Hoisin padažo iš abiejų košelės pusių.

e) Padėkite filė tiesiai ant ugnies ir kepkite 4 minutes. Aptepkite likusiu padažu ir apverskite. Virkite dar 4 minutes arba kol šiek tiek suminkštės. Kepkite žuvį ant grotelių trumpiau, jei tai reta, ilgiau, jei gerai iškepta.

f) Padalinkite žuvį į keturias lėkštes, papuoškite laiškiniais česnakais ir raudonaisiais pipirais ir nedelsdami patiekite.

## 84. Ant grotelių keptas otas kokosų piene

- 4 otų kepsniai, 1 colio storio, apie 2 svarai
- 1 valgomasis šaukštas augalinio aliejaus
- 4–6 skiltelės česnako, smulkiai supjaustytos
- ¼ puodelio smulkiai supjaustyto šviežio imbiero
- ¼ puodelio smulkiai pjaustytų jalapeño pipirų
- 1–2 ančiuvių filė, susmulkinta
- ¾ puodelio vištienos sultinio
- ½ stiklinės kokosų pieno, nesaldinto
- 1/3 puodelio pomidorų padažo
- ¼ puodelio tamsaus sojų padažo
- Šviežiai malti juodieji pipirai
- ½ pomidoro, kubeliais
- 1 valgomasis šaukštas gryno klevų sirupo
- 2 puodeliai ryžių makaronų
- 1 valgomasis šaukštas sezamo aliejaus
- 6–8 dideli laiškiniai svogūnai
- Citrinos skiltelės

a) Kepkite otą ant aliejumi pateptų grotelių maždaug tris ketvirtadalius tikrojo pageidaujamo laiko, 3–4 minutes kiekvienoje pusėje.

b) Dideliame puode arba wok įkaitinkite aliejų ir ant vidutinės ugnies 3–4 minutes pakepinkite česnaką, imbierą, jalapeño pipirus ir ančiuvius.

c) Įpilkite sultinio, kokosų pieno, pomidorų padažo, sojos padažo ir juodųjų pipirų pagal skonį; troškinkite ant vidutinės ugnies 7–8 minutes arba kol sumažės per pusę. Sudėkite kubeliais pjaustytą pomidorą ir troškinkite dar 3–4 minutes.

d) Apkepkite makaronus sezamo aliejuje, kol sušils. Įpilkite maždaug trečdalį padažo iš keptuvės ir sumaišykite.

e) Šiltus ant grotelių keptus otų kepsnius sudėkite į keptuvę su likusiu padažu, šaukštu užpilkite padažu ant kepsnių ir apverskite, kad apsemtų.

f) Pabarstykite laiškinius svogūnus ant otų ir patiekite su makaronais ir citrinos griežinėliais.

## 85. Citrinų sorbetas – glazūruotas Mahi-Mahi

- 2 puodeliai šaldyto citrinų šerbeto
- 1 didelės citrinos sultys (3–4 šaukštai) ir 1 didelės citrinos žievelės (apie 1 valgomasis šaukštas)
- 2 svarai mahi-mahi filė, 1 colio storio
- Smulkinta šviežia kalendra papuošimui

a) Įkaitinkite grilį.

b) Ištirpinkite šerbetą 4–5 minutes 4 litrų puode arba dideliame puode ant vidutinės-stiprios ugnies.

c) Įpilkite citrinos sulčių ir pusę žievelės, sumažinkite ugnį, kad užvirtų, ir sumažinkite trečdalį, maždaug 8 minutes.

d) Nukelkite nuo ugnies ir atidėkite atvėsti.

e) Išdėliokite filė ant lėkštės ir šaukštu uždėkite pusę atvėsusio padažo, apverskite, kad gerai pasidengtų.

f) Perkelkite kepsnius ant grotelių ir kepkite 4–5 minutes. Apverskite, aptepkite padažu ant viršaus ir kepkite 5 minutes ilgiau arba tol, kol žuvis taps tvirta.

g) Papuoškite likusia citrinos žievele ir kalendra.

## 86. Tilapijos ir kavos įdaras

- 2 beigeliai, supjaustyti mažais gabalėliais
- 1 paplotėlis, sulaužytas gabalėliais
- 1 kruasanas, sulaužytas gabalėliais
- ¼ mažo raudonojo svogūno, stambiai supjaustyto
- 1 vidutinio dydžio apelsinas, supjaustytas gabalėliais
- 4 dideli kiaušiniai
- Druska ir šviežiai malti juodieji pipirai
- 2 svarai tilapijos
- 1 citrina, supjaustyta ketvirčiais

a) Virtuvinio kombaino dubenyje plakite riestainius, paplotėlio gabaliukus, raguolio gabaliukus, svogūną, apelsino gabalėlius, kiaušinius, druską ir pipirus pagal skonį 10–15 sekundžių arba tol, kol ingredientai tik gerai susimaišys, bet neištrins. . Jums gali tekti tai padaryti dviem ar trimis partijomis. Įdarą atidėkite į dubenį.

b) Išdėliokite keturias atskiras folijos dalis. Ant kiekvienos uždėkite po vieną tilapijos gabalėlį ir ant kiekvienos filė uždėkite $\frac{1}{2}$ colio storio įdaro sluoksnį (sunaudosite apie $\frac{1}{2}$ puodelio kiekvienos). Ant kiekvieno iš jų išspauskite po citrinos ketvirtį. Gali likti įdaro likučių, kuriuos galima užšaldyti kitam naudojimui.

c) Suspauskite foliją viršuje. Padėkite folijos paketus ant grotelių ant stiprios ugnies. Virkite apie 10 minučių. Gali tekti patikrinti, ar įdaras gerai įkaitintas; jei ne, grįžkite ant grotelių (ir atsargiai apverskite) dar 4-5 minutes.

d) Išimkite iš kepsninės ir leiskite svečiams atidaryti paketus ir patiems išimti turinį, kad pristatymas būtų šventiškesnis.

## 87. Ant grotelių keptas pompano sūris

- 1 valgomasis šaukštas alyvuogių aliejaus
- 1 vidutinis svogūnas, smulkiai pjaustytas (apie 1 puodelis)
- 4-5 skiltelės česnako, smulkiai supjaustytos
- 1 valgomasis šaukštas smulkiai pjaustytų galangalų (arba imbiero)
- ½ puodelio šviesaus kokosų pieno
- 2 citrinžolės lazdelės, sumuštos (arba 2 plačios juostelės citrinos žievelės)
- 1 arbatinis šaukštelis čili miltelių (arba aštraus padažo pagal skonį)
- 1 arbatinis šaukštelis kario miltelių
- 1 arbatinis šaukštelis maltos ciberžolės

- ½ arbatinio šaukštelio malto cinamono
- 1½ svaro pompano filė, maždaug 1 colio storio
- ½ citrinos sultys (apie 1½ šaukšto)
- Citrinos skiltelės

a) Įkaitinkite aliejų didelėje keptuvėje ant vidutinės-stiprios ugnies. Pakepinkite svogūną, česnaką ir galangalą 3–4 minutes.

b) Įpilkite kokosų pieno, citrinžolės, čili miltelių, kario miltelių, ciberžolės ir cinamono. Virkite apie 5 minutes arba tol, kol skysčio sumažės trečdaliu. Sumažinkite šilumą iki žemos.

c) Įkaitinkite grilį.

d) Išdėliokite filė ant aliejumi pateptų grotelių, apšlakstykite citrinos sultimis ir kepkite 4–5 minutes. Apverskite ir kepkite 4–5 minutes ilgiau arba tol, kol žuvis taps tvirta.

e) Išimkite filė nuo grotelių, apšlakstykite jas šiltu padažu, padalinkite į keturias dalis ir iš karto patiekite su citrinos skilteles.

## 88. Mėlyna žuvis su pomidorais ir baziliku

- 2 svarai mėlynosios žuvies filė
- 2 laimo sultys ir 1 laimo žievelė
- 2 arbatinius šaukštelius jūros druskos
- 4-5 vidutiniai pomidorai, kubeliais
- 1 puodelis susmulkinto šviežio baziliko
- ¼ puodelio geros kokybės aukščiausios kokybės pirmojo spaudimo alyvuogių aliejaus
- 1 valgomasis šaukštas šviežiai maltų rožinių ir žaliųjų pipirų
- 3-4 česnako skiltelės, susmulkintos

a) Sudėkite filė į nerūdijantį indą ir apipilkite 1 žaliosios citrinos sultimis (apie 2 šaukštais) ir 1 arbatiniu šaukšteliu druskos. Šaldykite 30 minučių.

b) Dideliame dubenyje sumaišykite likusius 2 šaukštus laimo sulčių, 1 arbatinį šaukštelį druskos ir pomidorus, baziliką, aliejų, pipirų žirnelius, česnaką ir žievelę. Gerai išmaišykite ir atidėkite.

c) Įkaitinkite grilį.

d) Mėlynosios žuvies filė išimkite iš marinato, nusausinkite ir perkelkite ant grotelių.

e) Padėkite filė tiesiai ant ugnies ir kepkite 5 minutes; apverskite ir kepkite 5 minutes ilgiau arba tol, kol žuvis taps tvirta.

f) Perkelkite filė į šiltas lėkštes, kiekvieną užpilkite padažu ir nedelsdami patiekite.

## 89. Ant grotelių keptas šašlykas su Morels

- 2 šaukštai nesūdyto sviesto
- 1 arbatinis šaukštelis alyvuogių aliejaus
- 2 puodeliai morkų, nuvalyti ir supjaustyti
- ½ arbatinio šaukštelio jūros druskos
- 1 valgomasis šaukštas šviežiai maltų juodųjų pipirų
- 1 valgomasis šaukštas brendžio
- 1 kaulo filė be kaulų, apie 1 svaras

a) Ištirpinkite sviestą vidutinio dydžio puode ant vidutinės-stiprios ugnies. Įpilkite aliejaus ir troškinkite morengus, druską ir pipirus 8–10 minučių (12–15 minučių, jei didelės), uždengę.

b) Atidenkite, įpilkite brendžio, jei naudojate, ir sumažinkite maždaug trečdaliu, 2–3 minutes. Išjunkite ugnį, bet laikykite šiltai ant silpnos ugnies.

c) Padėkite filė ant aliejumi pateptų grotelių. Virkite 4-5 minutes; apverskite ir kepkite 4-5 minutes ilgiau arba tol, kol žuvis taps nepermatoma. Padalinkite per pusę ir perkelkite į dvi šiltas lėkštes. Šonuose šaukštu dėkite morkų.

## 90. Rūkytas Shad Roe

- švieži ikrai savo maišelyje, nuo ½ iki 1 maišelio vienam asmeniui
- Citrinos skiltelės

a) Paruoškite grilį dūmų kepimui.

b) Gausiai apipurkškite stelažą ir ikrų maišelių apačią virimo purškalu. Padėkite maišelius ant stipriai alyvuotų 12 colių aliuminio kvadratų vėsioje kepsninės pusėje. Rūkykite $1\frac{1}{2}$ valandos uždengę dangtį.

c) Atsargiai išimkite mentele ir nedelsdami patiekite su citrinos skilteles.

## 91. Rūkyta Shad su Gazpacho

- 1 citrinos sultys
- 2 svarai kaulo filė be kaulų
- 2 šaukštai maltų juodųjų pipirų
- 1 valgomasis šaukštas jūros druskos
- 1 skardinė (14½ uncijos) troškintų pomidorų
- 1 valgomasis šaukštas alyvuogių aliejaus
- 2 arbatinius šaukštelius sidro acto
- ½ arbatinio šaukštelio maltos kalendros
- ½ arbatinio šaukštelio maltų kmynų
- ½ arbatinio šaukštelio karšto padažo ir papildomai, jei pageidaujama
- ½ arbatinio šaukštelio džiovinto raudonėlio
- 1 angliškas agurkas
- 1 nedidelė žalia paprika, stambiai pjaustyta

- 1 mažas saldus baltas svogūnas, stambiai pjaustytas
- 8 česnako skiltelės, susmulkintos
- 1 vidutinio dydžio pomidoras, stambiai pjaustytas

a) Apšlakstykite 1½ šaukšto citrinos sulčių ant uogų filė ir pagardinkite 1 arbatiniu šaukšteliu pipirų žirnelių ir ½ arbatinio šaukštelio druskos.

b) Rūkykite vėsioje kepsninės pusėje 1½ valandos arba tol, kol filė įgaus auksinį atspalvį, bet išliks minkšta. Išimkite ir šaldykite mažiausiai 12 valandų.

c) Gamindami gaspačą, virtuvinio kombaino dubenyje keturis ar penkis kartus išplakite likusias citrinos sultis, pipirų žirnelius, druską ir troškintus pomidorus, aliejų, actą, kalendras, kmynus, aštrų padažą ir raudonėlį.

d) Įdėkite pusę agurko, pusę pipirų, pusę svogūno ir pusę česnako. Pulsuokite penkis ar šešis kartus, tada perkelkite į didelį dubenį.

e) Sudėkite pomidorą ir likusias pjaustytas daržoves ir gerai išmaišykite. Uždenkite ir perkelkite į šaldytuvą mažiausiai 12 valandų.

## 92. Arbatos lapelis – rūkytas raudonasis snaperis

- 6 šaukštai džiovintų juodosios arbatos lapelių
- 3-4 žvaigždiniai anyžiai, susmulkinti
- 4-6 česnako skiltelės, smulkiai pjaustytos
- 2 šaukštai malto cinamono
- 2 šaukštai mažai natrio turinčio sojos padažo
- 1 valgomasis šaukštas gryno klevų sirupo
- 1 sveikas snaperis, 2½-3 svarai, be kaulų ir su drugeliais
- Papa's Papaya Chutney
- Virti rudieji ryžiai

a) Paruoškite grilį dūmų kepimui.

b) Sumaišykite arbatos lapus, anyžius, česnaką, cinamoną, sojų padažą ir klevų sirupą į pastą. Mentele įtrinkite pasta į žuvies minkštimą.

c) Kepimo purkštuvu arba šepetėliu sutepkite groteles ir snapo odelę. Snapper padėkite ant vėsios kepsninės pusės ir uždarykite dangtį. Rūkyti $1\frac{1}{4}$ valandos; apverskite ir rūkykite $1\frac{1}{4}$ valandos ilgiau arba tol, kol žuvis taps auksinės rudos spalvos.

d) Snapper nukelkite nuo ugnies, padalykite kiekvieną pusę į dvi dalis ir nedelsdami patiekite su Papa's Papaya Chutney ir rudaisiais ryžiais.

## 93. Geltonauodegė Rūkyta virš pankolių

- ½ stiebo šviežio pankolio, perpjauto per pusę išilgai
- 2 svarai geltonuodegės filė
- Citrinos skiltelės
- Krapų garstyčių padažas

a) Paruoškite grilį dūmų kepimui.

b) Įdėkite apie 2 puodelius džiovintų kukurūzų branduolių į dūmų keptuvės centrą arba ant 18 colių kvadratinės tvirtos aliuminio folijos. Įdėkite pankolį į kukurūzų centrą. Uždenkite ir padėkite tiesiai virš šilumos šaltinio.

c) Palaukite, kol kukurūzai ir pankoliai pradės rūkyti, maždaug 10 minučių. Geltonuodegės filė dėkite ant vėsios kepsninės pusės, ant aliejumi pateptų grotelių. Uždarykite dangtį ir rūkykite 1–1,5 valandos arba tol, kol žuvis taps šiek tiek auksinės spalvos. Tik retkarčiais pakelkite dangtį, kad patikrintumėte, ar nėra liepsnos. Jei reikia, užpilkite vandeniu.

d) Nukelkite filė nuo ugnies, padalinkite į keturias dalis ir patiekite šiltas su citrinos skilteles ir krapų garstyčių padažu.

## 94. Rūkytas Croaker

- ½ puodelio alyvuogių aliejaus
- 1 citrinos sultys
- 2 šaukštai smulkiai pjaustytų raudonėlių
- 2 šaukštai smulkiai pjaustytų čiobrelių
- 1 arbatinis šaukštelis druskos
- 1 valgomasis šaukštas šviežiai maltų juodųjų pipirų
- 2 svarai krevečių filė
- Papa's Papaya Chutney

a) Dideliame dubenyje sumaišykite aliejų, citrinos sultis, raudonėlį, čiobrelius, druską ir pipirus.

b) Įdėkite skrudintuvą į 1 galono pakartotinai uždaromą plastikinį maišelį arba stiklinę kepimo skardą. Žuvį užpilkite marinatu ir šaldykite 1-2 valandas.

c) Paruoškite grilį dūmų kepimui.

d) Iš marinato išimkite kepurę, nusausinkite ir padėkite ant vėsios rūkyklos pusės. Uždarykite dangtį ir rūkykite apie 1 valandą. Grilio temperatūra turi būti palaikoma nuo 200 iki 250 ° F.

e) Jei reikia, įpilkite kukurūzų arba medžio drožlių, apverskite žuvį ir rūkokite 1-1,5 valandos ilgiau arba tol, kol filė taps auksinės spalvos. Patiekite šiltą su Papa's Papaya Chutney.

## 95. Čiuožkite su šafranu ir sultonais

Tarnauja 4

- 2 nulupti ir apipjaustyti pačiūžos sparnai
- 100 ml aukščiausios kokybės pirmojo spaudimo alyvuogių aliejaus
- 6 česnako skiltelės, smulkiai pjaustytos
- 1 x 400 g skardinių geros kokybės slyvinių pomidorų
- 30 g (1¼ uncijos) sultonų
- žiupsnelis šafrano sruogų
- žiupsnelis susmulkintų džiovintų čili pipirų
- 2 švieži lauro lapai
- 1 šaukštelis smulkaus cukraus

- 1 šaukštelis mažų kaparėlių, nusausintų ir nuplautų

a) Pirmiausia pagaminkite padažą. Į vidutinio dydžio keptuvę sudėkite alyvuogių aliejų ir česnaką. Padėkite ant vidutinės ugnies ir, kai tik česnakas pradės čirškėti, suberkite pomidorus, sultonus, šafraną, džiovintas paprikas, lauro lapus, cukrų ir ½ arbatinio šaukštelio druskos. Užvirkite ant silpnos ugnies ir palikite virti 30 minučių, retkarčiais pamaišydami ir mediniu šaukštu sulaužydami pomidorus. Išimkite lauro lapus, pagal skonį pagardinkite druska, pipirais ir laikykite šiltai.

b) Didelėje seklioje keptuvėje užvirinkite 1,5 litro (2½ pintos) vandens. Įpilkite 1 valgomąjį šaukštą druskos ir čiuožyklos sparnelius ir palikite 10 minučių švelniai troškintis, kol iškeps.

c) Iš vandens iškelkite pačiūžos sparnus ant lentos ir kiekvieną supjaustykite į dvi ar tris dalis. Ant pašildyto ovalo formos serviravimo indo pagrindo uždėkite šiek tiek daugiau nei pusę pomidorų padažo ir ant viršaus uždėkite riedulio gabalėlius. Likusį padažą šaukštu supilkite į riedulio centrą, pabarstykite kaparėliais ir patiekite.

## 96. Johnas Dory Chowderis

Tarnauja 4

- 500 g (1 svaras) midijų, išvalytų
- 150 ml (¼ pintos) Kornvalio sidro
- 25 g (1 uncijos) sviesto
- 100 g gabalas be žievės rūkytos dryžuotos šoninės
- 1 nedidelis svogūnas, smulkiai pjaustytas
- 20 g (¾oz) paprastų miltų
- 1 litras (1¾ pintos) grietinėlės pieno
- 2 bulves
- 1 lauro lapas
- 225 g (8 uncijos) John Dory filė
- 120 ml dvigubos grietinėlės

- žiupsnelis kajeno pipirų
- druskos ir šviežiai maltų baltųjų pipirų
- 2 šaukštai šviežiai pjaustytų petražolių

a) Išvalytas midijas ir sidrą sudėkite į vidutinio dydžio keptuvę ant stiprios ugnies. Uždenkite ir kepkite 2-3 minutes arba kol jie ką tik atsidarys, retkarčiais pakratydami keptuvę.

b) Kitoje keptuvėje ištirpinkite sviestą, suberkite šoninę ir kepkite iki šviesiai auksinės spalvos. Įdėkite svogūną ir švelniai kepkite 5 minutes arba kol svogūnas suminkštės.

c) Suberkite miltus ir virkite 1 minutę. Palaipsniui įmaišykite pieną ir supilkite visus, išskyrus paskutinius šaukštus ar du, midijų kepimo skysčio. Sudėkite bulves ir lauro lapą bei 1 arbatinį šaukštelį druskos ir troškinkite.

d) Išimkite lauro lapą, suberkite John Dory gabalėlius ir troškinkite 2-3 minutes arba tol, kol žuvis iškeps. Įmaišykite dvigubą grietinėlę.

e) Nukelkite nuo ugnies ir įmaišykite midijas.

## 97. Citrinų liežuvių gujonai

Tarnauja 4

- 450 g (1 svaras) nuluptos citrinžolių filė
- 100 g (4 uncijos) šviežių baltų džiūvėsėlių
- 25 g (1 uncijos) parmezano sūrio, smulkiai tarkuoto
- ½ šaukštelio kajeno pipirų
- saulėgrąžų aliejus, skirtas kepti
- 50 g (2 uncijos) paprastų miltų
- 3 kiaušiniai, sumušti
- citrinos griežinėliai, patiekti

a) Žuvies filė supjaustykite įstrižai maždaug 2½ cm (1 colio) skersmens juostelėmis. Sumaišykite džiūvėsėlius su tarkuotu parmezanu ir kajeno pipirais ir atidėkite į šalį. Įkaitinkite šiek tiek aliejaus, kad galėtumėte kepti iki 190 °C (375 °F) arba kol vienadienės duonos kubas paruduos maždaug per minutę. Kepimo skardą išklokite dideliu kiekiu virtuvinio popieriaus.

b) Po kelis gujonus apvoliokite miltuose, tada plaktame kiaušinyje ir galiausiai džiūvėsėlių mišinyje, įsitikinkite, kad jie visi padengia tolygia danga ir išliks atskirai.

c) Į aliejų įmeskite nedidelę saują gujonų ir kepkite giliai apie 1 minutę, kol taps traškūs ir auksiniai. Iškelkite kiaurasamtį ant popieriumi išklotos kepimo skardos, kad nuvarvėtų, ir pakartokite su likusia žuvimi, pirmiausia įsitikindami, kad aliejus atšilo.

d) Sudėkite gujonus į keturias pašildytas lėkštes ir papuoškite citrinos skiltelėmis. Jei norite, patiekite su sumaišytomis lapų ar žolelių salotomis, tiesiog pagardintomis šiek tiek aukščiausios kokybės pirmojo spaudimo alyvuogių aliejaus ir šiek tiek prieskonių.

## 98. Benedikto kiaušiniai su juodadėmiu menku

Tarnauja 4

- 300 ml (½ pintos) pieno
- 3 lauro lapai
- 2 griežinėliai svogūno
- 6 juodųjų pipirų žirneliai
- 4 gabalėliai rūkytos juodadėmės menkės filė
- 1 valgomasis šaukštas baltojo vyno acto
- 4 kiaušiniai
- 2 angliškos bandelės
- geros kokybės olandiškojo padažo patiekimui
- papuošti
- stambiai grūstų juodųjų pipirų
- keletas pjaustytų šviežių česnakų

a) Pieną ir 300 ml vandens užvirinkite negilioje keptuvėje. Suberkite lauro lapus, svogūną, pipirų žirnelius ir rūkytos juodadėmės menkės gabalėlius, vėl užvirkite ir troškinkite 4 minutes. Iškelkite juodadėmę menką ant lėkštės, nulupkite odą ir laikykite šiltai.

b) Vidutinio dydžio keptuvėje užvirinkite apie 5 cm (2 colių) vandens, įpilkite acto ir sumažinkite iki silpnos ugnies. Į keptuvę po vieną įmuškite kiaušinius ir troškinkite 3 minutes. Tuo tarpu bandeles perpjaukite pusiau ir paskrudinkite, kol švelniai apskrus. Iškeptus kiaušinius ištraukite kiaurasamčiu ir trumpai nusausinkite ant virtuvinio popieriaus.

c) Norėdami patiekti, sudėkite bandeles į keturias pašildytas lėkštes ir ant viršaus uždėkite juodadėmės menkės ir virtus kiaušinius. Šaukštu užtepkite olandiško padažo ir papuoškite grūstais juodaisiais pipirais bei smulkintais laiškiniais česnakais.

## 99. Japoniški žuvienės pyragaičiai su imbieru

Tarnauja 4

- 3 vaivorykštiniai upėtakiai, filė
- 4 cm (1½ colio) šviežio imbiero gabalėlis
- 3 riebūs svogūnai, smulkiai pjaustyti
- 4 kaštonų grybai, smulkiai pjaustyti
- truputis aliejaus, kepimui
- salotoms
- 100g (4oz) raketa
- 2 šaukšteliai tamsaus sojų padažo
- 1 šaukštelis skrudintų sezamų aliejaus
- 1 šaukštelis šalto vandens
- žiupsnelis smulkaus cukraus

a) Upėtakio filė nulupkite odelę, tada iškaulinėkite ir supjaustykite išilgai ilgomis plonomis juostelėmis. Dabar šias juosteles suriškite ir supjaustykite į labai mažus gabalėlius – neturėtumėte žuvies sukrėsti į labai smulkią tešlą, tačiau ji neturėtų būti ir per stambi, kitaip nesusilaikys.

b) Sudėkite žuvį į dubenį su imbieru, svogūnais, grybais ir druska bei pipirais. Gerai išmaišykite, padalinkite mišinį į aštuonias dalis ir šiek tiek drėgnomis rankomis suformuokite maždaug $7\frac{1}{2}$ cm (3 colių) skersmens paplotėlius.

c) Ant vidutinės ugnies įkaitinkite lengvai aliejumi pateptą, neprideganačią keptuvę. Sudėkite žuvies pyragus ir kepkite maždaug 1,5 minutės iš kiekvienos pusės, kol taps auksinės rudos spalvos ir iškeps. Sudėkite ant pašildytų lėkščių ir sukraukite dalį raketos. Suplakite likusius salotų ingredientus, kad susidarytumėte padažą, šiek tiek apšlakstykite ant raketės ir šiek tiek aplink šorinius lėkščių kraštus.

## 100. Skrudinta otų filė plutoje

Išeiga: 4 porcijos

Ingredientas

- 1½ svaro otų filė; supjaustyti į 4 dalis
- Druska; paragauti
- Šviežiai maltų juodųjų pipirų; paragauti
- 1 puodelis šviežios baltos duonos trupinių
- 1 puodelis petražolių lapelių
- 2 česnako skiltelės
- 2 šaukštai Alyvuogių aliejaus

- 1 puodelis Vištienos sultinio
- 1 raudona paprika
- 2 stiklinės virtų lęšių

a) Įkaitinkite orkaitę 425 laipsnių. Otusą pagardinkite druska ir pipirais. Į virtuvinį kombainą suberkite duonos trupinius, petražoles ir česnaką ir plakite, kol smulkiai susimaišys. Dėkite žuvį ant keptuvės ir apšlakstykite viršų ir apačią alyvuogių aliejumi. Ant žuvies viršaus storai paskleiskite duonos trupinių mišinį.

b) Kepkite žuvį 8-10 minučių. Kai keps žuvis, į keptuvę supilkite sultinį ir raudonųjų pipirų gabalėlius ir užvirinkite. Sumažinkite ir troškinkite, kol pipirai suminkštės, maždaug 15 minučių. Pagardinkite druska ir pipirais. Nukelkite nuo ugnies ir leiskite atvėsti 5 minutes. Supilkite į trintuvą ir sutrinkite raudonųjų pipirų padažą 3 minutes, kol pasidarys šilkinis. Išimkite ir perkoškite per smulkų sietelį.

c) Padėkite žuvį ant šiltų lęšių guolio ir apšlakstykite raudonųjų pipirų padažu.

# IŠVADA

Dėkoju, kad leidosi į šią kulinarinę kelionę su manimi!

Pietų Amerikos virtuvė mūsų laukia daug skanių staigmenų. Dėl savo europietiškos, vietinės ir Afrikos kilmės Brazilijos žuvis ir jūros gėrybės yra tikrai unikali patirtis. Puikiais paplūdimiais, atogrąžų miškais, laukiniu Rio karnavalu ir gero gyvenimo jausmu ši šalis visada žavėjo žmones iš viso pasaulio.

www.ingramcontent.com/pod-product-compliance
Lightning Source LLC
Chambersburg PA
CBHW050022130526
44590CB00042B/1608